全—本—全—注—全—译

東京夢華錄

〔宋〕孟元老 著

谦德书院 注译

团结出版社

图书在版编目（CIP）数据

东京梦华录 / (宋) 孟元老著；谦德书院注译.
—北京：团结出版社，2021.5
ISBN 978-7-5126-8744-8

Ⅰ.①东… Ⅱ.①孟… ②谦… Ⅲ.①开封—地方史
—史料—北宋②《东京梦华录》—注释③《东京梦华录》
—译文 Ⅳ.①K296.13

中国版本图书馆CIP数据核字(2021)第070639号

出版：团结出版社
　（北京市东城区东皇城根南街84号 邮编：100006）
电话：（010）65228880　65244790 (传真）
网址：www.tjpress.com
Email：zb65244790@vip.163.com
经销：全国新华书店
印刷：天宇万达印刷有限公司

开本：145×210　1/32
印张：6.5
字数：150千字
版次：2021年5月 第1版
印次：2021年5月 第1次印刷

书号：978-7-5126-8744-8
定价：48.00元

《谦德国学文库》出版说明

　　人类进入二十一世纪以来，经济与科技超速发展，人们在体验经济繁荣和科技成果的同时，欲望的膨胀和内心的焦虑也日益放大。如何在物质繁荣的时代，让我们获得内心的满足和安详，从经典中获取智慧和慰藉，或许是我们不二的选择。

　　之所以要读经典，根本在于，我们应当更好地认识我们自己从何而来，去往何处。一个人如此，一个民族亦如此。一个爱读经典的人，其内心世界必定是丰富深邃的。而一个被经典浸润的民族，必定是一个思想丰赡、文化深厚的民族。因为，文化是民族之灵魂，一个民族如果不能认识其民族发展的精神源泉，必定就会失去其未来的生机。而一个民族的精神源泉，就保藏在经典之中。

　　今日，我们提倡复兴中华优秀传统文化，当自提倡重读经典始。然而，读经典之目的，绝不仅在徒增知识而已，应是古人所说的"变化气质"，进一步，是要引领我们进德修业。《易》曰："君子以多识前言往行，以蓄其德。"实乃读经典之要旨所在。

基于此理念，我们决定出版此套《谦德国学文库》，"谦德"，即本《周易》谦卦之精神。正如谦卦初六爻所言："谦谦君子，用涉大川"，我们期冀以谦虚恭敬之心，用今注今译的方式，让古圣先贤的教诲能够普及到每一个人。引导有心的读者，透过扫除古老经典的文字障碍，从而进入经典的智慧之海。

作为一套普及型的国学丛书，我们选择经典，不仅广泛选录以儒家文化为主的经、史、子、集，也将视野开拓到释、道的各种经典。一些大家所熟知的经典，基本全部收录。同时，有一些不太为人熟知，但有当代价值的经典，我们也选择性收录。整个丛书几乎囊括中国历史上哲学、史学、文学、宗教、科学、艺术等各领域的基本经典。

在注译工作方面，版本上我们主要以主流学界公认的权威版本为底本，在此基础上参考古今学者的研究成果，使整套丛书的注译既能博采众长而又独具一格。今文白话不求字字对应，只在保证文意准确的基础上进行了梳理，使译文更加通俗晓畅，更能贴合现代读者的阅读习惯。

古籍的注译，固然是现代读者进入经典的一条方便门径，然而这也仅仅是阅读经典的一个开端。要真正领悟经典的微言大义，我们提倡最好还是研读原本，因为再完美的白话语译，也不可能完全表达出文言经典的原有内涵，而这也正是中国经典的古典魅力所在吧。我们所做的工作，不过是打开阅读经典的一扇门而已。期望藉由此门，让更多读者能够领略经典的风采，走上领悟古人思想之路。进而在生活中体证，方能直趋圣贤之境，真得圣贤典籍之大用。

经典，是一代代的古圣先贤留给我们的恩泽与财富，是前辈先人的智慧精华。今日我们在享用这一份财富与恩泽时，更应对古人心存无尽的崇敬与感恩。我们虽恭敬从事，求备求全，然因学养所限、才力不及，舛误难免，恳请先贤原谅，读者海涵。期望这一套国学经典文库，能够为更多人打开博大精深之中华文化的大门。同时也期望得到各界人士的襄助和博雅君子的指正，让我们的工作能够做得更好！

团结出版社

2017年1月

前　言

　　靠兵变夺取江山的北宋是中国历史上的异数，在开国之初就显露出衰落的先兆，崇尚重文抑武的治国方略，造成了"国强兵弱"的政治局面。虽然北宋的军队数量极为庞大，但军事实力却不占优势，先后与辽、西夏对峙，都处于下风。积贫积弱是北宋政权的明显特征，官僚冗余，军队羸弱，国库空虚。作为中原大国，却难以在军事上与周边少数民族抗衡，不得不通过长期进贡来维持和平。这些使得北宋成为"中国历史上最软弱的一个朝代"。但在科技、文化、艺术方面，北宋算得上是空前绝后，是中国历史上科技最发达、文化最昌盛、艺术最繁荣的朝代之一。中国的"四大发明"，造纸术虽于东汉由蔡伦改进，但其普遍盛行和技术的提高发展，则是在宋代；火药和印刷术的发明虽都出现在唐代，但这二者真正被广泛采用是宋代以后的事；指南针于宋代制成，并用于航海事业。而北宋的首都——东京开封，更是当时世界上人口最多、经济最发达、最为繁荣的城市之一。描绘东京繁华的史料有很多，一幅《清明上河图》以长卷形式，采用散点透视构图法，向后世完美呈现了清明时节东京汴河周围的生活景象。如果说《清明上河图》是用画笔以图像的方式来形象地描绘北宋都城的风貌，那《东京梦华录》就是用文字描述的方式抽象地记录东京的生活。

《东京梦华录》记录了宋徽宗崇宁到宣和（1102—1125）年间京都汴京的社会生活，为我们描绘了这一历史时期居住在京都的上至皇亲国戚、高门大族，下及普通百姓的日常生活场景。包括京都的城市布局，内城宫殿及宫廷内外的机构设置，城内的街坊名称及主要寺院道观，店铺、酒肆及勾栏等场所，伎艺表演、娶亲、生子等风俗习惯，当时的饮食起居以及一年当中各个重大节日的习俗等等。这些内容为了解北宋后期都城的社会生活、经济文化提供了极为重要的资料。

作者孟元老，号幽兰居士，生卒年待考。宋代文学家。据《宋会要辑稿》及苏辙等人的记述，推断他是北宋孟昌龄的第四子孟钺，曾任开封府仪曹。孟元老在序中说，他于崇宁二年（1103）随父到东京，住在州西金梁桥西夹道之南。靖康癸未（1126），徽宗、钦宗被金军掳去北方，山河巨变，史称"靖康之难"。宋代的历史从此改写。第二年，孟元老离开东京南下，避居江左，终老此生。孟元老在南渡之后，常常忆起东京的繁华，在南宋绍兴丁卯（1147）撰成《东京梦华录》，并自己作了序。因古代传说有梦游华胥之国、其乐无涯的典故，所以将本书取名为《梦华录》。

之后，一些相关著作常引录《梦华录》中所记载的内容，如吴自牧所撰《梦粱录》于南宋高宗绍兴二十四年（1154）成书，《西湖老人繁胜录》于南宋宁宗时期（1195—1224）成书，耐得翁所撰《都城纪胜》于南宋理宗端平二年（1235）成书，周密所撰《武林旧事》于元朝初年成书，这几种著作中有很多内容引自《东京梦华录》，特别是涉及朝政礼仪、节日风俗等方面，而且文字叙述方式都与《梦华录》大体相同。后世著作中一旦涉及北宋时期的礼仪制度、节令习俗以及伎艺表演的，常能看见《梦华录》的身影。

本书原文以1934年静嘉堂文库的刊行的《东京梦华录》为底本，并参考了其他版本进行校对整理，并对原文作了注释和翻译，力求为读者提供一个方便阅读的读本。对于研究宋代历史的学者来说，它是必读书，它是反映宋代经济社会具体情况的翔实资料。对读者来说，它又是一幅有温度的风情画卷，能够让我们深刻体验宋代的文化特质，全面感受宋代的城市特点以及宋人的生活态度。

由于注译者能力所限，书中难免会有不当和疏漏之处，欢迎读者批评指正。

目 录

卷之三

卷之四

卷之五

卷之六

卷之七

卷之八

卷之九

卷之十

序

　　仆从先人宦游南北①，崇宁癸未到京师②，卜居于州西金梁桥西夹道之南③。渐次长立，正当辇毂之下④，太平日久，人物繁阜。垂髫之童⑤，但习鼓舞，班白之老，不识干戈，时节相次，各有观赏。灯宵月夕，雪际花时；乞巧登高，教池游苑⑥。举目则青楼画阁，绣户珠帘，雕车竞驻于天街，宝马争驰于御路，金翠耀目，罗绮飘香。新声巧笑于柳陌花衢，按管调弦于茶坊酒肆。八荒争凑⑦，万国咸通。集四海之珍奇，皆归市易；会寰区之异味，悉在庖厨。花光满路，何限春游，箫鼓喧空，几家夜宴。伎巧则惊人耳目，侈奢则长人精神。瞻天表则元夕教池，拜郊孟享。频观公主下降，皇子纳妃。修造则创建明堂⑧，冶铸则立成鼎鼐⑨。观妓籍则府曹衙罢，内省宴回；看变化则举子唱名，武人换授⑩。仆数十年烂赏叠游，莫知厌足。一旦兵火，靖康丙午之明年⑪，出京南来，避地江左⑫，情绪牢落，渐入桑榆。暗想当年，节物风流，人情和美，但成怅恨。近与亲戚会面，谈及曩昔⑬，后生往往妄生不然。仆恐浸久,论其风俗者,失于事实,诚为可惜,谨省记编次成集,庶几开卷得睹当时之盛。古人有梦游华胥之国^⑭,其乐无涯者,仆今追念,回首怅然,岂非华胥之梦觉哉!目之曰《梦华录》。然以京师之浩穰,及有未尝经从处,得之于人,不无遗阙。倘遇乡党宿德^⑮,补缀周备,不胜幸甚。此录语言鄙俚,不以文饰者,盖欲上下通晓尔,观者幸详焉。绍兴丁卯岁除日^⑯,幽兰居士孟元老序^⑰。

【注释】①仆:作者谦称。先人:指作者已故的父亲。宦游:指外出做官。

②崇宁癸未:宋徽宗崇宁二年,即公元1103年。

③卜居:选择居住的地方。夹道:排列在道路两侧。

④辇毂:指皇帝的车舆。用以指天子。

⑤垂髫:古时儿童不束发,头发下垂,因以垂髫指儿童。

⑥教池游苑:指金明池和琼林苑。教池,指禁军在金明池进行操练。游苑,指皇帝去琼林苑游幸。

⑦八荒争凑:指边陲之地的人争相向首都靠拢。

⑧明堂:古代帝王宣明政教、举行大典的地方。

⑨鼎鼐(nài):鼎和鼐。古代两种烹饪器,后来成为国家权力的象征。

⑩换授:谓酌其才能调任官职。

⑪靖康丙午:宋钦宗靖康元年,即公元1126年。

⑫江左:古代指长江下游以东的地方,即今江苏省南部等地。

⑬曩(nǎng)昔:从前,往日。

⑭华胥之国:古代神话中无为而治的理想国家。

⑮宿德:年老有德者。

⑯绍兴丁卯:宋高宗绍兴十七年,即公元1147年。岁除日:即除夕。

⑰孟元老:原名孟钺,号幽兰居士,北宋东京开封府(今河南开封)人,宋代文学家。

【译文】我小时候跟随父亲到南北各地做官,在宋徽宗崇宁二年来到京都,定居在城西金梁桥西边夹道的南侧。我逐渐长大自立,正好在天子脚下生活,长时间的太平盛世,使得京都人丁兴旺,物业繁盛。儿童们只知道学习击鼓、跳舞,老人们也没有见识过战争。一年四季不停轮转,每个季节都有各自不同的景象。灯夜之下或月末之时,大雪纷飞之际或繁花盛开的时节,或者是七夕重阳,或者是禁军在金明池操练和皇上去琼林苑游幸。抬眼望去到处是青楼画阁、绣户珠帘。街市上装饰华丽的马车争相停驻,在御街上竞相奔驰着名贵的宝马,戴着黄金和翠玉制成的饰品光彩耀眼,衣着华贵的女子散发着香气。从花街巷口传来新颖美妙的乐音和欢快的笑声,在茶坊酒馆里回荡着乐器的演奏声。远居边陲之地的人们都来京都聚集,来自世界各国的使者都想和宋朝往来交流。京都的集市上汇集了全国各地的珍贵奇异之物,进行交易;酒楼里荟萃了人世间的山珍海味,供人享受。道路上撒满了各种各样的鲜花,放任百姓四处春游;萧鼓响彻云霄,有几户人家正在进行夜宴。精巧的技艺惊人耳目,奢靡的生活长人精神。在元宵节观灯、金明池操练、郊祀祭天的时候,可以瞻仰皇上的天颜。而且还能多次观看公主出嫁、皇子纳妃的庆典。皇宫的建筑成就则有明堂的建造,冶铸伟绩则有鼎鼐的制成。开封府放衙之后、宫中宴会结束之时,可以了解到京都名妓的情况;科举殿试放榜之后、武将调任官职之时,可以了解到朝廷新贵的情况。我这几十年纵情观赏盛典,反复游览胜地,厌倦和满足是我从来就不会感觉到的。一朝遇到战火兴起,宋钦宗靖康元年的第二年,我离开京都迁往南方,为躲避战乱到了江东地区,情绪低落,年岁又渐渐到了晚年。暗想当年在京都时的生活,遇到节日时人物风度翩翩,人与人之间的交往和谐美好,现在都已经成了惆怅怨恨。最近与亲戚见面时,谈到过去,年轻人总是妄加非议不以为然。我担心随着时间流逝,再谈论起那时的风俗,就会失去历史的真实情况,那就实在是太可惜了。所以我非常慎重地把对那时的回忆记录下来,编撰成集。世人在今后翻开此书或许就可以览见当时的盛况。古代有梦游华胥之国的传说,快乐没有边际,我现在回想往事,回忆起来若有所失,这与华胥之梦刚刚醒来时的感觉难道不一样吗?因此我把这本书命名为《梦华录》。然而京都毕竟人烟浩穰、喧闹繁华,有很多地方我并没有亲自去过,有很多事情我也未曾亲身经历,是从别人那里听说的,这就难免有遗漏欠缺之处。假如遇到家乡的朋友或者年老有德的前辈,能对此书予以补充完备,我会感到非常荣幸。这本书语言通俗,故意不使用文辞上的修饰,目的是让不同的人都能读懂,希望读者能够明白这一点。

　　宋高宗绍兴十七年,除夕之日,幽兰居士孟元老序。

卷之一

东都外城

　　东都外城①，方圆四十余里。城壕曰护龙河，阔十余丈。濠之内外，皆植杨柳，粉墙朱户，禁人往来。城门皆瓮城三层②，屈曲开门，唯南薰门、新郑门、新宋门、封丘门，皆直门两重，盖此系四正门，皆留御路故也。新城南壁，其门有三：正南门曰南薰；城南一边，东南则陈州门，傍有蔡河水门；西南则戴楼门，傍亦有蔡河水门。蔡河正名惠民河，为通蔡州故也。东城一边，其门有四：东南曰东水门，乃汴河下流水门也，其门跨河，有铁裹窗门，遇夜如闸垂下水面，两岸各有门通人行路，出枬子城③，夹岸百余丈；次则曰新宋门；次曰新曹门；又次曰东北水门，乃五丈河之水门也。西城一边，其门有四：从南曰新郑门；次曰西水门，汴河上水门也；次曰万胜门；又次曰固子门；又次曰西北水门，乃金水河水门也。

北城一边，其门有四。从东曰陈桥门（乃大辽人使驿路④）；次曰封丘门（北郊御路）；次曰新酸枣门；次曰卫州门（诸门名皆俗呼。其正名如西水门曰利泽，郑门本顺天门，固子门本金耀门）。新城每百步设马面、战棚⑤，密置女头⑥，旦暮修整，望之耸然。城里牙道⑦，各植榆柳成阴。每二百步置一防城库，贮守御之器，有广固兵士二十指挥，每日修造泥饰，专有京城所⑧，提总其事。

【注释】①东都：即北宋当时的都城汴京。外城：后周世宗时即筑成，宋神宗时加以扩展，又称新城。

②瓮城：为古代城市的主要防御设施之一，可加强城堡或关隘的防守，而在城门外修建的半圆形或方形的护门小城。

③栎子城：用来拱卫城门的两道对立垣壁。

④大辽：即辽国。

⑤马面：古时沿着城墙所建的一系列在平面上凸出于墙面外的墩台。其作用是加固城体，便于观察和夹击攻城敌兵。战棚：古代城墙上防守用的活动棚屋。

⑥女头：城墙上垛子一类的防护建筑。

⑦牙道：官府开凿的道路。

⑧京城所：掌管京城城墙修缮维护的机构。

【译文】汴京的外城方圆有四十余里。有一条护城河叫护龙河，宽十余丈，护城河内外都种着杨树和柳树，粉白的城墙和红色的门楼，禁止人们往来。每个城门都筑有三层瓮城，大多拐弯开门，只有南薰门、新郑门、新宋门、封丘门正对着城门，有两层瓮城，是因为这四个城门是正门，留有皇帝出行的御道。外城南面的城墙共有三座城门：正南门叫南薰门；城墙南侧那一边，东南方的叫陈州门，旁边有蔡河水门；西南方的叫戴楼门，旁边也有蔡河水门。蔡河的正式名称是惠民河，因为通往蔡州，所以又叫蔡河。东面城墙那一边，共有四座城门：东南方的叫东水门，是汴河流向下游的水门。东水门跨越汴河，有铁裹着的窗门，每到夜间，就如同闸门一样垂进水面。两岸分别有门，直通人行道，一直出了楞子城，沿河的两岸有百余丈长。接下来的叫新宋门，再然后是新曹门，最北的是东北水门，这是五丈河流经的水门。西面城墙那一边，共有四座城门，从南面数过来是新郑门；接下来是西水门，这是汴河上游流下来的水门；接着是万胜门；再然后是固子门；最北端是西北水门，这是金水河的水门。北面城墙那一边共有四座城门，从东面数过来是陈桥门（这是辽国使节觐见时必经的道路）；接下来是封丘门（皇帝北郊祭祀时的御路）；再然后是新酸枣门；最西端是卫州门（这些城门的名字都是通俗称呼。正式的名称如西水门叫利泽门，郑门本应叫顺天门，固子门本应叫金耀门）。外城的城墙每隔百步便建有马面战棚，城墙上密集地放置了垛子。早晚都有人修缮，看着很是高大整齐。城里的官道，分别种着榆树和柳树，绿树成荫。每隔二百步便建造一个防城库，贮存着守备防御的器械。有二十名广固兵听从指挥，每天进行修缮维护，专门设有京城所来总管这些工作。

旧京城

旧京城[①]，方圆约二十里许。南壁其门有三：正南曰朱雀门，左曰保康门，右曰新门。东壁其门有三：从南汴河南岸角门子，河北岸曰旧宋门，次曰旧曹门。西壁其门有三：从南曰旧郑门，次汴河北岸角门子，次曰梁门。北壁其门有三：从东曰旧封丘门，次曰景龙门（乃大内城角宝箓宫前也[2]），次曰金水门。

【注释】①旧京城：本是唐朝时的汴州城，后周扩建外城后把它包在城中，又叫里城、阙城。

②实箓宫：即宝箓宫，此处夹注有误。

【译文】旧京城方圆约二十里。南面的城墙共有三座城门，正南的名朱雀门，左边的名保康门，右边的名新门。东面的城墙共有三座城门：从南数，汴河南岸的叫角门子，河北岸的叫旧宋门，接下来是旧曹门。西面的城墙共有三座城门，从南数叫旧郑门，接下来是汴河北岸的角门子，再然后是梁门。北面的城墙上共有三座城门：从东数是旧封丘门，接下来是景龙门（在皇宫城角的宝箓宫前），再然后是金水门。

河道

穿城河道有四。南壁曰蔡河[1]，自陈、蔡由西南戴楼门入京城，迳绕自东南陈州门出，河上有桥十一[2]，自陈州门里曰观桥（在五岳观后门），从北次曰宣泰桥，次曰云骑桥，次曰横桥子（在彭婆婆宅前），次曰高桥，次曰西保康门桥，次曰龙津桥（正对内前），次曰新桥，次曰太平桥（高殿前宅前）[3]，次曰棠麦桥，次曰第一座桥，次曰宜男桥，出戴楼门外曰四里桥。中曰汴河④，自西京洛口分水入京城，东去至泗州入淮，运东南之粮，凡东南方物，自此入京城，公私仰给焉。自东水门外七里，至西水门外，河上有桥十三，从东水门外七里，曰虹桥，其桥无柱，皆以巨木虚架，饰以丹艭⑤，宛如飞虹，其上、下土桥亦如之；次曰顺成仓桥，入水门里曰便桥，次曰下土桥，次曰上土桥，投西角子门曰相国寺桥。次曰州桥（正名天汉桥），正对于大内御街，其桥与相国寺桥，皆低平不通舟船，唯西河平船可过，其柱皆青石为之，石梁石笋楯栏⑥，近桥两岸，皆石壁，雕镌海马水兽飞云之状，桥下密排石柱，盖车驾御路也。州桥之北岸御路，东西两阙，楼观对耸；桥之西有方浅船二只，头置巨干铁枪数条，岸上有铁索三条，遇夜绞上水面，盖防遗火舟船矣。西去曰浚仪桥，次曰兴国寺桥（亦名马军衙桥），次曰太师府桥（蔡相宅前）⑦，次曰金梁桥，次曰西浮桥（旧以船为之桥，今皆用木石造矣），次曰西水门便桥，门外曰横桥。东北曰五丈河，来自济、郓，般挽京东路粮斛入京城⑧，自新曹门北入京，河上有桥五：东去曰小横桥，次曰广备桥，次曰蔡市桥，次曰青晖桥、染院桥。西北曰金水河，自京城西南分京索河水筑堤，从汴河上用木槽架过，从西北水门入京城，夹墙遮拥，入大内灌后苑池浦矣。河上有桥三：曰白虎桥、横桥、五王宫桥之类。又曹门小河子桥曰念佛桥，盖内诸司辇官、亲事官之类，军营皆在曹门，侵晨上直⑨，有瞽者在桥上念经求化⑩，得其名矣。

【注释】①蔡河：又称蔡水。周世宗时为了疏通漕运，曾经从汴梁城东面引出汴河水入注蔡河。北宋初年，又从汴梁城西南导闵河水流入蔡河。此后蔡河就以闵水为源，闵、蔡连为一水，漕运大畅。宋太祖时，闵河改为惠民河，于是通称蔡河为惠民河。

②桥十一：十一应该是十三，即十三座桥。

③高殿前宅：即高俅的宅子，高俅官至殿前都指挥使，简称高殿前。

④汴河：即浚仪渠。发源于荥阳大周山，往东汇合京、索、须、郑四条支流，又称茛荡渠或通济渠。

⑤丹雘（huò）：可供涂饰的红色颜料。

⑥楯栏：即栏楯，指栏杆。纵为栏，横曰楯。

⑦蔡相：即蔡京，官拜宰相。

⑧般挽：运载。般，通"搬"。

⑨侵晨：黎明。

⑩瞽（gǔ）者：眼睛失明的人。

【译文】从京城穿过的河道有四条。从南城墙穿过的是蔡河，从陈、蔡两地流过来，由西南方的戴楼门进入京城，拐了个弯之后，从东南方的陈州门流出城。蔡河上有十三座桥。从陈州门里数，先是观桥（在五岳观的后门），往北是宣泰桥，接下来是云骑桥，然后是横桥子（在彭婆婆宅子前面），然后是高桥，然后是西保康门桥，然后是龙津桥（正对着皇宫前门），然后是新桥，然后是太平桥（在殿前都指挥使高俅的宅子前面），然后是棠麦桥，然后是第一座桥，再然后是宜男桥，出了戴楼门叫四里桥。从城中穿过的是汴河，从西京洛阳的洛口分流进入京城，往东流到泗州，注入淮河，负责东南方的粮食漕运。所有东南方的物资，都从这里进入京城，京城官民都仰仗着它的供给。从东水门外七里到西水门外，河上有十三座桥。东水门外七里是虹桥，虹桥没有桥柱，全都用巨木悬空架设。用红色颜料涂饰，宛如飞虹，上下的土桥也是这样建造的。接下来是顺成仓桥，进入水门里是便桥，接着是下土桥，再然后是上土桥，到西角子门的是相国寺桥。之后是州桥（正式名字叫天汉桥），正对着皇宫御街，这桥和相国寺桥的桥身都低平不能通行舟船，只有西河的平底船可以通过。桥柱都是用青石建造，石梁、石笋、石栏，以及靠近桥两岸的石壁上，都雕刻着海马、水兽、飞云图案。桥下密集地排列着石柱，因为这是皇帝车驾行驶的御路。州桥北岸的御路，东西两侧有阙柱，楼观相对耸立着。州桥西面有两只方形浅船，船头上放着几条粗杆铁枪，岸上有三条铁索，每到晚上就把船绞在水面上，这样做是为了防止船遗失。往西去是浚仪桥，接下来是兴国寺桥（又名马军衙桥），接着是太师府桥（在宰相蔡京的宅子前面），接着是金梁桥，接着是西浮桥（以前是以船为桥，现在都是用木石建造了），接下来是西水门便桥，门外是横桥。京城东北方的是五丈河，来自济州、郓城，运载京东路的粮食进入京城，从新曹门北面入京。河上有五座桥：从东数先是小横桥，接下来是广备桥，接着是蔡市桥，再然后是青晖桥、染院桥。西北方的是金水河，从京城西南分流京、索河水并修筑堤坝，在汴河上横架起木槽，从西北水门进入京城，两边都有夹墙保护，进入皇宫后灌入后苑的池塘。河上有三座桥，分别是白虎桥、横桥、五王宫桥。此外曹门有座小河子桥，也叫念佛桥，是因为宫内各官署的辇官、亲事官还有军营，都在曹门，他们每天清晨进宫当值时，桥上都会有个盲人念佛化缘，因此有了这个名字。

大内

　　大内正门宣德楼列五门[①]，门皆金钉朱漆，壁皆砖石间甃[②]，镌镂龙凤飞云之状，莫非雕甍画栋[③]，峻桷层榱[④]，覆以琉璃瓦，曲尺朵楼，朱栏彩槛，下列两阙亭相对，悉用朱红杈子[⑤]。入宣德楼正门，乃大庆殿，庭设两楼，如寺院钟楼，上有太史局保章正[⑥]，测验刻漏，逐时刻执牙牌奏。每遇大礼，车驾斋宿[⑦]，及正朔朝会于此殿。殿外左右横门曰左右长庆门。内城南壁有门三座，系大朝会趋朝路，宣德楼左曰左掖门，右曰右掖门。左掖门里乃明堂，右掖门里西去乃天章、宝文等阁。宫城至北廊约百余丈。入门东去街北廊乃枢密院，次中书省，次都堂（宰相朝退治事于此），次门下省，次大庆殿外廊横门，北去百余步，又一横门，每日宰执趋朝，此处下马；余侍从台谏於第一横门下马，行至文德殿，入第二横门。东廊大庆殿东偏门，西廊中书、门下后省；次修国史院，次南向小角门，正对文德殿（常朝殿也）。殿前东西大街，东出东华门，西出西华门。近里又两门相对，左右嘉肃门也。南去左右银台门。自东华门里皇太子宫入嘉肃门，街南大庆殿后门、东西上阁门；街北宣祐门。南北大街西廊面东曰凝晖殿，乃通会通门入禁中矣。殿相对东廊门楼，乃殿中省、六尚局、御厨。殿上常列禁卫两重，时刻提警，出入甚严。近里皆近侍中贵，殿之外皆知省、御药、幕次、快行、亲从官、辇官、车子院、黄院子、内诸司兵士，祗候宣唤⑧；及官禁买卖进贡，皆由此入。唯此浩穰，诸司人自卖饮食珍奇之物，市井之间未有也。每遇早晚进膳，自殿中省对凝晖殿，禁卫成列，约栏不得过往。省门上有一人呼喝，谓之"拨食家"。次有紫衣、裹脚子向后曲折幞头者⑨，谓之"院子家"。托一合，用黄绣龙合衣笼罩，左手携一红罗绣手巾，进入于此，约十余合，继托金瓜合二十余面进入，非时取唤，谓之"泛索"。宣祐门外，西去紫宸殿（正朔受朝于此）。次曰文德殿（常朝所御），次曰垂拱殿，次曰皇仪殿，次曰集英殿（御宴及试举人于此）。后殿曰崇政殿、保和殿。内书阁曰睿思殿。后门曰拱辰门。东华门外，市井最盛，盖禁中买卖在此，凡饮食、时新花果、鱼虾鳖蟹、鹌兔脯腊、金玉珍玩、衣着，无非天下之奇。其品味若数十分，客要一二十味下酒，随索，目下便有之。其岁时果瓜蔬茄新上市，并茄瓠之类新出，每对可直三五十千，诸阁分争以贵价取之⑩。

【注释】①大内：即皇宫。北宋的皇宫在汴梁城内西北，周长约五里。

②甃（zhòu）：本义是以砖瓦砌的井壁，后来泛指砖瓦砌成的物件。

③甍（méng）：屋脊，屋梁。

④桷（jué）：方形的椽子。榱（cuī）：椽子。

⑤权子：置于官府宦宅前阻拦人马通行的木架。古称行马。

⑥保章正：太史局里的官职名称，掌观测、记录天象变异，以视

吉凶。

　⑦斋宿：指在祭祀或典礼前，先一日斋戒独宿，表示虔诚。

　⑧祇候：恭候、敬候。宣唤：帝王下令宣召、传唤。

　⑨幞（fú）头：古代男子用的一种头巾。

　⑩诸閤分：或称为十閤分，指宫内负责皇帝饮食的部门和人员。宫中后妃和皇帝子女的居所都称为"閤"。

　【译文】皇宫正门宣德楼排列着五座门，每扇门上都镶有金钉、涂有朱漆，宫墙都是用砖石砌成，墙上雕刻着龙、凤、飞云图案，无处不是雕梁画栋，高高的屋檐上排列着整齐的椽子，屋顶上覆盖着琉璃瓦，曲尺形的朵楼装饰着朱红或彩绘的栏杆，下面并列着两座阙亭，相对而立，在它们中间放置着阻拦人马通行的朱红杈子。进入宣德楼正门，就是大庆殿，庭院内设有两座楼，犹如寺院钟楼，上面有太史局，所属名为保章正的官员观测刻漏，按时手执牙牌禀报时间。每当遇到重大典礼、圣驾斋戒住宿以及正月初一的朝会都是在大庆殿举行。殿外左右横门叫左右长庆门。内城南墙上有三座门，是重大朝会上朝时必经之路。宣德门左面叫左掖门，右面叫右掖门。左掖门里是明堂，右掖门里往西走是天章、宝文等阁。宫城到北廊大约一百余丈，进门往东去的北廊就是枢密院，接着是中书省，接着是都堂（宰相退朝后在这里办公），接着是门下省，再然后是大庆殿。外廊横门往北走一百余步，又有一个横门，每天宰相上朝就在此处下马；至于侍从、台谏就在第一横门下马，然后走到文德殿，进入第二横。东廊直通大庆殿东偏门，西廊是中书、门下后省，接着是修国史院，接着有个朝南的小角门，正对着文德殿（日常朝会的宫殿）。殿前有东西大街，往东是东华门，往西是西华门。附近有两道门相对，这是左、右嘉肃门。往南走是左、右银台门。从东华门经皇太子宫进入嘉肃门，街南是大庆殿后门，两边是东、西上阁门，街北是宣祐门。进入宣祐门，南北大街的西廊，面向东的是凝晖殿，这里通往会通门，可以进入皇宫。凝晖殿相对的东廊门楼，里面有殿中省、六尚局和御用厨房。殿上总是列着两重禁卫，时刻警戒，出入非常严格。殿内都是皇帝的近身侍从和有权势的太监。殿外都是知省、御药、幕次、快行、亲从官、辇官、车子院、黄院子以及内诸司兵士等，都在殿外等候宣召传唤，此外宫里采买和向皇上进贡都是从这里进入。宫内唯有此处最热闹，各部门各自买卖着市井上没有的食物和珍奇物品。每到早晚用膳时间，从殿中省到凝晖殿，禁卫会排成列，阻止闲杂人等过往。这时殿中省的门楼上就会有一个人呼喊喝叫，称之为"拨食家"。接着会有穿着紫色衣裳、头裹脚子及向后曲折幞头的人，称之为"院子家"，右手托一个盒子，用黄色绣有龙饰的盒巾包裹起来，左手拿着一条红罗刺绣手巾，从这里进入，大约有十多个这样的盒子，接着会有托着二十余只金瓜形盒子的人进入，不定时唤取，称之为"泛索"。宣祐门外，往西走是紫宸殿（每年正月初一皇帝就在这里接受群臣朝贺）。接着是文德殿（日常朝会都在这里举行），接着是垂拱殿，接下来是皇仪殿，再然后是集英殿（皇帝设宴和举人接受殿试都在这里）。后殿叫崇政殿和保和殿，还有内书阁叫睿思殿。后门叫拱辰门。东华门外的市集最为热闹，因为宫中的采买都在这里，所需饮食、时新花果、鱼虾鳖蟹、鹑兔干肉、金银玉器、珍宝古玩、各种衣裳等等，无一不是天下珍奇之物。这里东西的品种常有几十种，如果有客人想要一二十种下酒菜，当下就可以买到。至于时新的瓜果蔬菜上市，还有茄子、瓠瓜之类，新鲜的每对可以卖到三五十千钱,宫内负责皇帝饮食的部门争相以高价购买。

内诸司

内诸司皆在禁中^①,如学士院、皇城司、四方馆、客省、东西上閤门、通进司、内弓剑枪甲军器等库、翰林司(茶酒局也)、内侍省、入内内侍省、内藏库、奉宸库、景福殿库、延福宫、殿中省、六尚局(尚药、尚食、尚辇、尚酝、尚舍、尚衣)、诸閤分、内香药库、后苑作、翰林书艺局、医官局、天章等阁,明堂颁朔布政府^②。

【注释】①内诸司:设在宫内服务日常生活各机构的总称。

②颁朔:古代帝王于每年季冬把来年的历日布告天下诸侯,谓之颁朔。

【译文】内诸司都在后宫中,如学士院、皇城司、四方馆、客省、东西上閤门、通进司、内弓剑枪甲军器等库、翰林司(即茶酒局)、内侍省、入内内侍省、内藏库、奉宸库、景福殿库、延福宫、殿中省、六尚局(即尚药、尚食、尚辇、尚酝、尚舍、尚衣)、诸閤分、内香药库、后苑作、翰林书艺局、医官局、天章等阁,还有明堂、颁朔布政府等。

外诸司

外诸司①：左右金吾街仗司、法酒库、内酒坊、牛羊司、乳酪院、仪鸾司(帐设局也)、车辂院、供奉库、杂物库、杂卖务、东西作坊、万全(造军器所)、修内司、文思院上下界、绫锦院、文绣院、军器所、上下竹木务、箔场、车营、致远务、骡务、驼坊、象院、作坊物料库、东西窑务、内外物库、油醋库、京城守具所、鞍辔库、养马曰左右骐骥院、天驷十监，河南北十炭场、四熟药局、内外柴炭库、军头引见司、架子营(楼店务、店宅务)、榷货务、都茶场、大宗正司、左藏、大观、元丰、宣和等库、编估局、打套所、诸米麦等。自州东虹桥、元丰仓、顺成仓、东水门里广济、里河折中、外河折中、富国、广盈、万盈、永丰、济远等仓、陈州门里麦仓子、州北夷门山、五丈河诸仓②，约共有五十余所。日有支纳下卸，即有下卸指挥兵士，支遣即有袋家③，每人肩两石布袋④。遇有支遣，仓前成市。近新城有草场二十余所。每遇冬月诸乡纳粟秆草，牛车阗塞道路⑤，车尾相衔，数千万量不绝⑥，场内堆积如山。诸军打请⑦，营在州北，即往州南仓，不许雇人般担⑧，并要亲自肩来，祖宗之法也。

【注释】①外诸司：设在宫外服务朝廷政务、外出巡游等活动各机构的总称。

②夷门山：在今河南开封市内东北角。

③袋家：装卸货物的人。

④两石(dàn)：十斗为一石，两石即二十斗。

⑤阗(tián)塞：拥塞。

⑥量：通"辆"。

⑦打请：宋元时军队请领军粮之称。

⑧般担：指搬运。

【译文】 外诸司的主要机构有：左右金吾街仗司、法酒库、内酒坊、牛羊司、乳酪院、仪鸾司(即帐设局)、车辂院、供奉库、杂物库、杂卖务、东西作坊、万全(制造军器之所)、修内司、文思院上下界、绫锦院、文绣院、军器所、上下竹木务、箔场、车营、致远务、骡务、驼坊、象院、作坊物料库、东西窑务、内外物库、油醋库、京城守具所、鞍辔库，负责养马的叫左右骐骥院、天驷十监，还有河南北十炭场、四熟药局、内外柴炭库、军头引见司、架子营(即楼店务、店宅务)、榷货务、都茶场、大宗正司、左藏、大观、元丰、宣和等库以及编估局、打套所。此外储存米麦的仓库有：从州城东面的虹桥元丰仓、顺成仓；到东水门里的广济仓、里河折中仓、外河折中仓、富国、广盈、万盈、永丰、济远等仓，还有陈州门里的麦仓，州城北面的夷门山、五丈河等仓，总共有五十多个。每天都有支出缴纳、装卸搬运粮食之事，由负责装卸的官员指挥兵士承担，专事搬运的工人称为"袋家"，每人肩抗两石布袋粮食。遇到装卸粮食的日子，每个仓前就像集市一样热闹。外城附近有二十多个草场。每到冬天，各乡缴纳草料的牛车，就会阻塞道路，首尾相接，数千万辆车络绎不绝。草场内堆积如山。京城各军申请军粮，如果营地在州北，就去往州南的仓库取草料，不许雇人搬运，并且要士兵们亲自搬回来，这是祖宗立下的规矩。

卷之二

御街

坊巷御街①，自宣德楼一直南去，约阔二百余步，两边乃御廊，旧许市人买卖于其间，自政和间官司禁止②，各安立黑漆杈子，路心又安朱漆杈子两行，中心御道，不得人马行往，行人皆在廊下朱杈子之外，杈子里有砖石甃砌御沟水两道，宣和间尽植莲荷③，近岸植桃、李、梨、杏，杂花相间，春夏之间，望之如绣。

【注释】①坊巷：街道，里巷。御街：京城中皇帝出行的街道。

②政和：宋徽宗年号。官司：旧指官府。

③宣和：宋徽宗年号。

【译文】京城中坊巷间的御街，从宣德楼开始一直往南走，大约宽二百余步，两边是御廊。过去允许市民在里面做买卖，但到了政和年间官府就禁止了，所以现在御廊上分别摆着黑漆杈子，路中央又摆着两行红漆杈子。中心御道禁止人马来往，行人都是在廊下的朱漆杈子外行走。杈子里有两道砖石砌成的御沟，宣和年间都种植了荷花，御沟岸边则种植了桃、李、梨、杏，各种花交错种植，春夏时节，望过去就像锦绣一样。

宣德楼前省府宫宇

宣德楼前，左南廊对左掖门，为明堂颁朔布政府，秘书省。右南廊对右掖门。近东则两府八位①，西则尚书省。御街大内前南去，左则景灵东宫，右侧西宫。近南大晟府，次曰太常寺。州桥曲转大街面南曰左藏库。近东郑太宰宅、青鱼市内行，景灵东宫南门大街以东，南则唐家金银铺、温州漆器什物铺、大相国寺②、直至十三间楼、旧宋门。自大内西廊南去，即景灵西宫，南曲对即报慈寺街、都进奏院、百钟圆药铺③，至浚仪桥大街。西宫南皆御廊杈子，至州桥投西大街，乃果子行。街北都亭驿（大辽人使驿也），相对梁家珠子铺。余皆卖时行纸画、花果铺席。至浚仪桥之西，即开封府。御街一直南去，过州桥，两边皆居民。街东车家炭、张家酒店，次则王楼山洞梅花包子、李家香铺、曹婆婆肉饼、李四分茶④。至朱雀门街西，过桥即投西大街，谓之曲院街，街南遇仙正店，前有楼子后有台，都人谓之"台上"。此一店最是酒店上户，银瓶酒七十二文一角，羊羔酒八十一文一角。街北薛家分茶、羊饭、熟羊肉铺。向西去皆妓馆舍，都人谓之"院街"。御廊西即鹿家包子，余皆羹店、分茶、酒店、香药铺、居民。

【注释】①两府：指行使宰辅权的两个重臣及其所在的机构，宋代是中书省和枢密院。八位：宋神宗时，在右掖门前建东西两府，每府设四处办公位置，故称为"八位"。

②大相国寺：在今河南省开封市内。本名建国寺，北齐天保六年建，唐睿宗时改名相国寺。

③钟：通"种"。

④分茶：亦称分茶店，宋时指酒菜店或面食店。

【译文】宣德楼前，左南廊对着左掖门，是明堂颁朔布政府、秘书省，右南廊对着右掖门。东面不远处是中书省和枢密院，西面是尚书省。从皇宫前的御街往南走，左面是景灵东宫，右面是景灵西宫。附近往南是大晟府，接着是太常寺，州桥拐弯的大街上面朝南的是左藏库。附近往东是郑太宰宅、青鱼市内行。景灵东宫南门大街往东，南面是唐家金银铺、温州漆器什物铺、大相国寺、直至十三间楼、旧宋门。从皇宫西廊往南走，即到景灵西宫。南面斜对着的是报慈寺街、都进奏院、百种圆药铺，往前走就到了浚仪桥大街。景灵西宫南面都是御廊权子，到了州桥往西大街走，是果子行。街北是都亭驿（专为辽国使臣设的驿馆），对面是梁家珠子铺，其余的店铺都是售卖当时流行的纸画花果。到了浚仪桥西面，就是开封府。御街一直往南走，过了州桥，两边都是居民。街东边是车家炭、张家酒店，接着是王楼山洞梅花包子、李家香铺、曹婆婆肉饼铺、李四分茶。到了朱雀门街西面，过桥就到了西大街，人们称之为曲院街。这条街的南面是遇仙正店。前面有楼子，后面有台阁。京城的人称之为"台上"。这个店是京城最有名的上等酒店。一杯银瓶酒七十二文钱，一杯羊羔酒八十一文钱。街北面是薛家分茶、羊饭、熟羊肉铺。往西去都是妓院，京城的人称之为"院街"。御廊西面是鹿家包子，剩下的都是羹店、分茶、酒店、香药铺、居民。

朱雀门外街巷

　　出朱雀门东壁亦人家，东去大街麦秸巷、状元楼，余皆妓馆，至保康门街。其御街东朱雀门外，西通新门瓦子①，以南杀猪巷亦妓馆。以南东西两教坊②，余皆居民或茶坊。街心市井，至夜尤盛。过龙津桥南去，路心又设朱漆杈子如内前。东刘廉访宅，以南太学、国子监，过太学又有横街，乃太学南门。街南熟药惠民南局。以南五里许皆民居。又东去横大街，乃五岳观后门。大街约半里许乃看街亭，寻常车驾行幸，登亭观马骑于此。东至贡院、什物库、礼部贡院、车营务、草场。街南葆真宫，直至蔡河云骑桥。御街至南薰门里，街西五岳观，最为雄壮。自西门东去观桥、宣泰桥，柳阴牙道，约五里许，内有中太一宫、佑神观。街南明丽殿、奉灵园、九成宫，内安顿九鼎③。近东即迎祥池，夹岸垂杨，菰蒲莲荷，凫雁游泳其间，桥亭台榭，棋布相峙，唯每岁清明日，放万姓烧香游观一日。龙津桥南西壁邓枢密宅，以南武学巷内曲子张宅、武成王庙。以南张家油饼、明节皇后宅。西去大街曰大巷口，又西曰清风楼酒店，都人夏月多乘凉于此。以西老鸦巷口军器所，直接第一座桥。自大巷口南去，延真观延接四方道民于此。以南西去小巷口三学院，西去直抵宜男桥小巷，南去即南薰门。其门寻常士庶殡葬，车舆皆不得经由此门而出，谓正与大内相对。唯民间所宰猪，须从此入京，每日至晚，每群万数，止数十人驱逐，无有乱行者。

【注释】①瓦子：宋、元、明娱乐与买卖杂货的市场，也称为瓦市、瓦舍。

②教坊：古时管理宫廷音乐的官署。唐代开始设置，专掌雅乐以外的音乐、舞蹈与百戏等的教习、排练及演出等事务。

③九鼎：古代传说夏禹铸了九个鼎，成为夏、商、周三代传国的宝物，象征国家政权。这里指的是宋徽宗崇宁年间铸造的九鼎。

【译文】出了朱雀门，过了东面城墙都是民居。往东去的大街上有麦秸巷、状元楼，剩下的都是妓院，直到保康门街。御街东朱雀门外，往西通往新门瓦子，往南的杀猪巷也有妓院。继续往南就到了东西两个教坊，剩下的都是民居或茶坊。街中心的市集，到了晚上尤其热闹。过了龙津桥往南走，御街中心又摆放了朱漆权子，如同大内前面的权子那样。东面是刘廉访宅，往南是太学、国子监。过了太学又有一条横街，那是太学南门。街南是熟药惠民南局，往南约五里都是民居。又往东走有一条横向的大街，通往五岳观的后门。沿着御街走半里多就到了看街亭，平常圣驾出行，皇上会登上亭子观看车马行人。往东就到了贡院、什物库、礼部贡院、车营务、草场。街南是葆真宫，一直到蔡河上的云骑桥。御街一直往南延伸到南薰门里，街西是五岳观，最为雄伟。从西门往东走是观桥、宣泰桥，柳荫大道，大约五里多长，里面有中太一宫、佑神观。街南是明丽殿、奉灵园、九成宫，九成宫里摆放着九鼎。东面不远处是迎祥池，池边种着杨柳，池里长着茭白蒲草和荷花，野鸭与大雁在池中戏水。桥亭台榭，繁密如棋子般分布着，只有每年的清明节，才允许百姓烧香游览一日。龙津桥南西面有道墙，是邓枢密的宅邸。往南走是武学巷，里面是曲子张宅、武成王庙。再往南是张家油饼、明节皇后宅。往西去的大街叫大巷口，又往西是清风楼酒店，京都人夏天在这里乘凉的有很多。接着往西走是老鸦巷口军器所，一直连到第一座桥。从大巷口往南走就到了延真观，这里接待全国各地的信道民众。延真观以南往西走是小巷口三学院，往西走可直通宜男桥小巷，再往南走就是南薰门。这个门平常不允许官员百姓走出殡的车辆，是因为这里正好与皇宫相对。只有民间待宰的生猪，必须从这里进京。每天晚上，每次都有一万头生猪进城，只有几十个人驱赶，但却没有乱跑的事发生。

州桥夜市

出朱雀门，直至龙津桥。自州桥南去，当街水饭、爊肉、干脯。玉楼前獾儿、野狐肉、脯鸡、梅家、鹿家鹅鸭鸡兔、肚肺、鳝鱼、包子、鸡皮、腰肾鸡碎[①]，每个不过十五文，曹家从食[②]。至朱雀门，旋煎羊白肠、鲊脯、炸冻鱼头、姜豉、剝子、抹脏、红丝、批切羊头、辣脚子、姜辣萝卜、夏月麻腐鸡皮、麻饮细粉、素签、沙糖冰雪冷元子、水晶皂儿、生淹水木瓜、药木瓜、鸡头穰、沙糖绿豆甘草冰雪凉水、荔枝膏、广芥瓜儿、咸菜、杏片、梅子姜、莴苣笋、芥辣瓜儿、细料馉饳儿、香糖果子、间道糖荔枝、越梅、锯刀紫苏膏、金丝党梅、香枨元^③，皆用梅红匣儿盛贮。冬月盘兔、旋炙猪皮肉、野鸭肉、滴酥、水晶鲙、煎夹子、猪脏之类，直至龙津桥须脑子肉止，谓之杂嚼，直至三更。

【注释】①燋（āo）肉：烤肉。燋，放在火上煨熟。

②从食：犹言副食。指小食、点心等食品。

③元子：即"丸子"。枨（chéng）元：即"橙元"。

【译文】出了朱雀门直到龙津桥。从州桥往南走，当街有卖水饭、烤肉、干脯的。玉楼前有卖獾肉、野狐肉、鸡肉干的。梅家鹿家的鹅鸭鸡兔肉、肚肺、鳝鱼、包子、鸡皮、腰肾鸡杂，每样都不会超过十五文钱，还有个曹家小食店。到了朱雀门，有卖现做煎羊肥肠、鱼干、炸冻鱼头、姜豉、剽子、抹脏、红丝、批切羊头、辣脚子、姜辣萝卜。夏天有卖麻腐、鸡皮、麻饮、细粉、素签、沙糖冰雪冷丸子、水晶皂儿、生淹水木瓜、药木瓜、鸡头穰、沙糖绿豆甘草冰雪凉水、荔枝膏、广芥瓜儿、咸菜、杏片、梅子姜、莴苣、笋、芥辣瓜儿、细料馉饳儿、香糖果子、间道糖荔枝、越梅、锯刀紫苏膏、金丝党梅、香橙丸，都是用梅红色的匣子装着。冬天有卖装盘的兔肉、现做的烤猪皮肉、野鸭肉、滴酥、水晶鲙、煎夹子、猪内脏之类，直到龙津桥卖须脑子肉的店家为止，人们称之为"杂嚼"，一直到半夜三更才收摊。

东角楼街巷

自宣德东去东角楼，乃皇城东南角也。十字街南去姜行，高头街北去，从纱行至东华门街、晨晖门、宝箓宫，直至旧酸枣门，最是铺席要闹①。宣和间展夹城牙道矣。东去乃潘楼街，街南曰"鹰店"，只下贩鹰鹘客，余皆真珠、匹帛、香药铺席。南通一巷，谓之"界身"，并是金银彩帛交易之所，屋宇雄壮，门面广阔，望之森然，每一交易，动即千万，骇人闻见。以东街北曰潘楼酒店，其下每日自五更市合②，买卖衣物、书画、珍玩、犀玉，至平明，羊头、肚肺、赤白腰子、奶房、肚胘、鹑兔鸠鸽野味、螃蟹、蛤蜊之类讫，方有诸手作人上市，买卖零碎作料。饭后饮食上市，如酥蜜食、枣䭅、澄砂团子、香糖果子、蜜煎雕花之类。向晚，卖何娄头面、冠梳、领抹、珍玩、动使之类③。东去则徐家瓠羹店。街南桑家瓦子，近北则中瓦，次里瓦。其中大小勾栏五十余座④。内中瓦子莲花棚、牡丹棚；里瓦子夜叉棚、象棚最大，可容数千人。自丁先现、王团子、张七圣辈⑤，后来可有人于此作场⑥。瓦中多有货药、卖卦、喝故衣、探搏、饮食、剃剪、纸画、令曲之类。终日居此，不觉抵暮。

【注释】①要闹：热闹。

②市合：开市。

③何娄：应作何楼，指粗陋之物或赝品。动使：日常用的器具。

④勾栏：宋元时百戏杂剧演出的场所。后来指妓院。

⑤丁先现：即丁仙现，北宋神宗时的艺人，曾任教坊使。擅长讽刺诙谐，能歌善舞。

⑥作场：民间艺人在空地上表演献艺。

【译文】从宣德楼往东走就到了东角楼，皇城的东南角就在这里。十字街上往南走就到了姜行。高头街向北走，从纱行到了东华门街、晨晖门、宝箓宫，直到旧酸枣门为止，这一带店铺密集，最是热闹，宣和年间拓宽了这些靠近皇城的道路。往东走是潘楼街，街南是鹰店，只接待贩卖鹰隼的客商。其余都是卖珍珠布帛、香料药材的店铺。南侧通有一条巷，人们称之为"界身"，都是金银彩帛交易之地。这里房屋雄伟壮丽，门面宽敞，看着高耸林立。每笔交易，动辄千万，令人十分震惊。东街的北面是潘楼酒店。楼下每日五更开市，买卖衣服、书画、珍宝古玩、犀角玉器；到了天亮就有卖羊头、肚肺、红白腰子、奶房、肚肫、鹌鹑、兔子、斑鸠、鸽子等野味，还有螃蟹、蛤蜊之类；收摊之后，才有各种手工艺人出来，买卖零碎作料。饭后，饮食上市，如酥蜜食、枣䭅、澄砂团子、香糖果子、蜜饯雕花之类。到了晚上，有卖粗陋头饰、帽子、梳子、领巾、抹额、珍宝古玩、日用品之类。往东走是徐家瓠羹店。街南面是桑家瓦子，北面不远处是中瓦，接着是里瓦。这里面有五十几座大小戏园。里边的中瓦子，有莲花棚、牡丹棚，里瓦子的夜叉棚、象棚算是最大的，可以容纳数千人。自从丁仙现、王团子、张七圣等人在这里表演，后来陆续有艺人在这里献艺。瓦子里有很多卖药、算卦、卖旧衣、表演角力、卖吃食、理发、卖纸画、唱小曲之类的。终日在这里待着，不知不觉就天黑了。

潘楼东街巷

潘楼东去十字街，谓之土市子，又谓之竹竿市。又东十字大街，曰从行裹角，茶坊每五更点灯博易，买卖衣物、图画、花环、领抹之类，至晓即散，谓之"鬼市子"。以东街北赵十万宅，街南中山正店、东榆林巷、西榆林巷①，北郑皇后宅②，东曲首向北墙畔单将军庙，乃单雄信墓也③，上有枣树，世传乃枣槊发芽，生长成树，又谓之枣冢子巷。又投东则旧曹门街，北山子茶坊，内有仙洞、仙桥，仕女往往夜游，吃茶于彼。又李生菜小儿药铺、仇防御药铺。出旧曹门，朱家桥瓦子，下桥南斜街、北斜街，内有泰山庙，两街有妓馆。桥头人烟市井，不下州南。以东牛行街、下马刘家药铺、看牛楼酒店，亦有妓馆，一直抵新城。自土市子南去，铁屑楼酒店、皇建院街。得胜桥郑家油饼店，动二十余炉。直南抵太庙街、高阳正店，夜市尤盛。土市北去乃马行街也，人烟浩闹。先至十字街，曰鹁儿市，向东曰东鸡儿巷，向西曰西鸡儿巷，皆妓馆所居。近北街曰杨楼街，东曰庄楼，今改作和乐楼，楼下乃卖马市也。近北曰任店，今改作欣乐楼，对门马铛家羹店。

【注释】①正店: 酒店。

②郑皇后: 宋徽宗的第二任皇后。

③单雄信: 隋末猛将，后与徐世勣加入翟让的瓦岗军，善于马上

用枪，号称"飞将"。

【译文】从潘楼往东走的十字街，人们称之为土市子，又称之为竹竿市。又往东的十字大街，叫从行裹角，茶坊每天五更点灯做生意，买卖衣服、图画、花环、领巾、抹额之类的东西，天明即散，所以叫作"鬼市子"。往东的街北是赵十万宅，街南是中山正店、东榆林巷、西榆林巷，街北是郑皇后宅。东面拐角处往北墙边有座单将军庙，是单雄信的墓地。墓上有枣树，世人传说是他所使的枣槊，发芽生长成树，因此这里又称之为枣冢子巷。再往东是旧曹门，街北是山子茶坊，里面有仙洞仙桥，仕女往往夜间到此游玩喝茶。附近还有李生菜小儿药铺、仇防御药铺。出了旧曹门，可以看到朱家桥瓦子，下了桥是南斜街、北斜街，里面有泰山庙，两条街都有妓院。桥头人烟繁盛，市井热闹，不下于城南。往东是牛行街、下马刘家药铺、看牛楼酒店，也有妓院，一直走就到了新城。从土市子往南走，是铁屑楼酒店、皇建院街。得胜桥郑家油饼店，通常动用二十多座炉来做油饼。一直往南就到了太庙街、高阳正店，夜市特别热闹。土市子往北走是马行街，这里人烟繁盛热闹。先经过的十字街，叫鹤儿市，往东是东鸡儿巷，往西是西鸡儿巷，都是妓院所在之处。北面不远的街，叫杨楼街，往东是庄楼，现在改叫和乐楼，楼下是卖马的市场。马市北面不远处是任店，现在改叫欣乐楼，对门是马铛家羹店。

酒楼

凡京师酒店门首，皆缚彩楼欢门①。唯任店入其门，一直主廊约百余步,南北天井两廊皆小阁子②,向晚,灯烛荧煌,上下相照。浓妆妓女数百,聚于主廊槏[檐]面上③,以待酒客呼唤,望之宛若神仙。北去杨楼以北穿马行街,东西两巷,谓之大小货行,皆工作伎巧所居④。小货行通鸡儿巷妓馆,大货行通笺纸店。白矾楼后改为丰乐楼,宣和间更修三层相高,五楼相向,各用飞桥栏槛,明暗相通,珠帘绣额,灯烛晃耀。初开数日,每先到者赏金旗,过一两夜则已。元夜则每一瓦陇中,皆置莲灯一盏⑤。内西楼后来禁人登眺,以第一层下视禁中。大抵诸酒肆瓦市,不以风雨寒暑,白昼通夜,骈阗如此⑥。州东宋门外仁和店、姜店、州西宜城楼、药张四店、班楼、金梁桥下刘楼、曹门蛮王家、乳酪张家、州北八仙楼、戴楼门张八家园宅正店、郑门河王家、李七家正店、景灵宫东墙长庆楼。在京正店七十二户,此外不能遍数,其余皆谓之"脚店"⑦。卖贵细下酒,迎接中贵饮食,则第一白厨,州西安州巷张秀,以次保康门李庆家,东鸡儿巷郭厨,郑皇后宅后宋厨,曹门砖筒李家,寺东骰子李家,黄胖家。九桥门街市酒店,彩楼相对,绣旆相招,掩翳天日⑧。政和后来,景灵宫东墙下长庆楼尤盛。

【注释】①欢门:酒楼食店以五彩装饰的门面。

②阁子:指酒店包间。

③槏(qiǎn):窗户旁的柱子。

④伎巧:指工艺匠人。

⑤瓦拢:亦作瓦垄,屋顶上用瓦铺成的凸凹相间的行列。

⑥骈阗：聚集一起，也作骈填、骈田。

⑦脚店：兼卖酒食的小酒店。

⑧掩翳：遮蔽。

【译文】京师所有酒店都在门口搭建了彩帛装饰的楼门。只有任店的店门口不是这样，一进大门，就是一条长百余步的主廊，南北天井两边的走廊都是小包间。到了晚上，灯火辉煌，上下映照，几百个浓妆艳抹的妓女，都聚在主廊靠墙两侧，等待客人呼唤，远远望去就像仙女下凡。往北走是杨楼，再往北穿过马行街，东西有两条巷子，人们称之为大、小货行，都是工匠艺人所住之地。小货行向东通往鸡儿巷妓院，大货行向西通往笺纸店、白矾楼。白矾楼后改名为丰乐楼，宣和年间，又增修成了三层楼，这里有五座楼相对，都架有装着栏杆的飞桥，彼此相连，珠帘绣额，灯火闪耀。刚开张前几天，会给每天最先到的客人奖赏一面金旗，过一两天之后就不会再送了。元宵节晚上，每条瓦楞都会挂上一盏莲花灯。里面的西楼后来就不让客人登楼眺望了，因为从最高层上往下可以看到皇宫里边。大体上这些酒店瓦舍，不论风雨寒暑，白天晚上，一直都是这么喧哗热闹。城东宋门外的仁和店、姜店，城西的宜城楼、药张四店、班楼，金梁桥下的刘楼，曹门蛮王家、乳酪张家，城北的八仙楼，戴楼门的张八家园宅正店，郑门河的王家、李七家正店，景灵宫东墙的长庆楼，都是这样。在京城共有七十二家大酒店，此外规模稍小的酒店数不清，其余那些卖酒的小酒馆，都叫作"脚店"。出售珍贵精细的下酒菜肴，用来迎接宫中宦官，都是京城第一等的厨师制作，像城西安州巷的张秀，其次保康门的李庆家，东鸡儿巷的郭厨师，郑皇后宅后面的宋厨师，曹门砖筒的李家，寺东骰子的李家，还有黄胖家。九桥门街市的酒店，彩楼相对，绣旗相摇，遮天蔽日。政和年间之后，景灵宫东墙下长庆楼的生意做得最好。

饮食果子

凡店内卖下酒厨子，谓之"茶饭量酒博士"。至店中小儿子，皆通谓之"大伯"。更有街坊妇人，腰系青花布手巾，绾危髻，为酒客换汤、斟酒，俗谓之"焌糟"。更有百姓入酒肆，见子弟少年辈饮酒，近前小心供过使令①，买物命妓，取送钱物之类，谓之"闲汉"。又有向前换汤、斟酒、歌唱，或献菓子、香药之类，客散得钱，谓之"厮波"。又有下等妓女，不呼自来筵前歌唱，临时以些小钱物赠之而去，谓之"札客"，亦谓之"打酒坐"。又有卖药或果实、萝卜之类，不问酒客买与不买，散与坐客，然后得钱，谓之"撒暂"。如此处处有之。唯州桥炭张家、乳酪张家，不放前项人入店，亦不卖下酒，唯以好淹藏菜蔬，卖一色好酒。所谓茶饭者，乃百味羹、头羹、新法鹌子羹、三脆羹、一色腰子、虾蕈、鸡蕈、浑炮等羹、旋索粉玉棋子、群仙羹、假河鲀、白渫〔煠〕齑、货鳜鱼、假元鱼、决明兜子、决明汤齑、肉醋托胎衬肠、沙鱼两熟、紫苏鱼、假蛤蜊、白肉、夹面子、茸割肉、胡饼、汤骨头、乳炊羊、炖羊、闹厅羊、角炙腰子、鹅鸭排蒸、荔枝腰子、还元腰子、烧臆子、入炉细项莲花鸭签、酒炙肚胘、虚汁垂丝羊头、入炉羊、羊头签、鹅鸭签、鸡签、盘兔、炒兔、葱泼兔、假野狐、金丝肚羹、石肚羹、假炙獐、煎鹌子、生炒肺、炒蛤蜊、炒蟹、煤蟹、洗手蟹之类，逐时旋行索唤，不许一味有阙。或别呼索变造下酒，亦即时供应。又有外来托卖炙鸡、燻鸭、羊脚子、点羊头、脆筋巴子、姜虾、酒蟹、獐巴、鹿脯、从食蒸作、海鲜、时果、旋切莴苣、生菜、西京笋。又有小儿子，着白虔布衫，青花手巾，挟白磁缸子，卖辣菜。又有托小盘卖干果子，乃旋炒银杏、栗子、河北鹅梨、梨条、梨干、梨肉、胶枣、枣圈、梨圈、桃圈、核桃肉、牙枣、海红、嘉庆子、林檎旋、乌李、李子旋、樱桃煎、西京雪梨、夫梨、甘棠梨、凤栖梨、镇府浊梨、河阴石榴、河阳查子、查条、沙苑榅桲、回马孛萄、西川乳糖、狮子糖、霜蜂儿、橄榄、温柑、绵枨、金橘、龙眼、荔枝、召白藕、甘蔗、漉梨、林檎干、枝头干、芭蕉干、人面子、巴览子、榛子、榧子、虾具之类。诸般蜜煎、香药果子、罐子党梅、柿膏儿、香药小元儿、小腊茶、鹏沙元之类②。更外卖软羊诸色包子、猪羊荷包、烧肉干脯、玉板、鲊犯、鲊片酱之类③。其余小酒店，亦卖下酒，如煎鱼、鸭子、炒鸡兔、煎燠肉、梅汁、血羹、粉羹之类。每分不过十五钱。诸酒店必有厅院，廊庑掩映，排列小阁子，吊窗花竹，各垂帘幕，命妓歌笑，各得稳便。

【注释】①供过：侍奉、侍候。

②嘉庆子：李子的一种，汴京嘉庆坊有李子树，果实甘甜鲜美，当时人称为嘉庆李。林檎：亦作林禽，又名花红、沙果。查子：即楂子，一名木桃。榅桲：一种乔木的果实，略似大的黄色苹果，不同的是每

一心皮有许多种子，果肉酸，其种子含胶质，可做胶水。孛萄：即葡萄。枝头干：没有摘下而在树枝上变干的果子。人面子：果实名，核似人面。巴览子：即巴旦杏，一名扁桃。种仁分甘苦两种，成分与效用大致与杏仁相同。榧（fěi）子：榧树的种实，形如橄榄，肉在壳内，可以制油，炒熟亦芳香可食。

③鲊犯：北宋时京师流行的一种鱼制食品。

【译文】凡是店里卖下酒菜的厨师，被人们叫作是"茶饭量酒博士"。到店里吃饭的即使是年轻人，也都叫他们为"大伯"。还有街坊妇人，腰间系着青花布手巾，绾着高高的发髻，为酒店客人换汤斟酒，俗称"焌糟"。还有些百姓进入酒店，看见世家少年们喝酒，就上前小心侍奉听候差遣，于是这些年轻人就会打发他们买些东西，或者让他们叫来妓女，或者让他们取送些钱物之类，人们称这些人为"闲汉"。还有到客人跟前换汤斟酒唱歌，或者献上果子香料之类，客人吃完饭会随意打赏一些钱，人们称这些人为"厮波"。还有些下等妓女，不待呼唤就自动前来，在筵席前唱歌，客人临时送些小钱物给她们就会离去，人们称这些人为"札客"，也叫作"打酒坐"。还有些卖药或者水果、萝卜之类的，不问客人买不买，就先发给客人，然后就会得到客人的一些赏钱，人们称这些人为"撒暂"。像这样的人到处都有。只有州桥旁的炭张家、乳酪张家，不把前面说的那些人放进店，也不卖下一等的酒菜，只卖上好的腌制小菜和美酒。所谓的茶饭，主要是百味羹、头羹、新法鹌子羹、三脆羹、二色腰子、虾蕈、鸡蕈、浑炮等羹、旋索粉、玉棋子、群仙羹、假河鲀、白炸斋、货鳜鱼、假元鱼、决明兜子、决明汤斋、肉醋托胎衬肠、沙鱼两熟、紫苏鱼、假蛤蜊、白肉、夹面子、茸割肉、胡饼、汤骨头、乳炊羊、炖羊、闹厅羊、角炙腰子、鹅鸭排蒸、荔枝腰子、还元腰子、烧臆子、入炉细项、莲花鸭签、酒炙肚胘、虚汁垂丝羊头、入炉羊、羊头签、鹅鸭签、鸡签、盘兔、炒兔、葱泼兔、假野狐、金丝肚羹、石肚羹、假炙獐、煎鹌子、生炒肺、炒蛤蜊、炒蟹、炸蟹、洗手蟹等，随时索要呼唤，任何一样都不允许缺少，或者索要别的菜肴制作下酒菜，店家也能即时供应。还有外来人依托店里来卖炙鸡、燠鸭、羊脚子、点羊头、脆筋巴子、姜虾、酒蟹、獐巴、鹿脯、从食蒸作、海鲜时果、旋切萵苣、生菜、西京笋之类。还有些少年，身穿白虞布衫，手拿青花手巾，夹着白磁缸子来卖辣菜。还有托着小盘子来卖干果子的，有旋炒银杏、栗子、河北鹅梨、梨条、梨干、梨肉、胶枣、枣圈、梨圈、桃圈、核桃肉、牙枣、海红、嘉庆子、林檎旋、乌李、李子旋、樱桃煎、西京雪梨、夫梨、甘棠梨、凤栖梨、镇府浊梨、河阴石榴、河阳查子、查条、沙苑榲桲、回马葡萄、西川乳糖、狮子糖、霜蜂儿、橄榄、温柑、绵枨金橘、龙眼、荔枝、召白藕、甘蔗、漉梨、林檎干、枝头干、芭蕉干、人面子、巴览子、榛子、榧子、虾具等。还有各种蜜煎、香药果子、罐子党梅、柿膏儿、香药小丸儿、小腊茶、鹏沙元等。另外还有卖软羊诸色包子、猪羊荷包、烧肉干脯、玉板、鲊犯、鲊片酱等吃食的。其余小酒店也卖别的下酒菜，如煎鱼、鸭子、炒鸡兔、煎燠肉、梅汁、血羹、粉羹等，每份超不过十五文钱。各个酒店都有厅院，堂前的廊屋彼此遮掩，两侧排列着小包间，吊窗下种着花草竹子，门上都挂着帘幕，客人们可以招来妓女唱歌调笑，各自都很满意舒心。

卷之三

马行街北诸医铺

马行北去，乃小货行时楼、大骨传药铺，直抵正系旧封丘门，两行金紫医官药铺，如杜金钩家、曹家独胜元、山水李家口齿咽喉药、石鱼儿班防御、银孩儿柏郎中家医小儿、大鞋任家产科①。其余香药铺席，官员宅舍，不欲遍记。夜市比州桥又盛百倍，车马阗拥②，不可驻足，都人谓之"里头"。

【注释】①防御：医生。

②阗拥：充塞拥挤。

【译文】从马行街往北走，是小货行时楼、大骨传药铺，一直走就到了旧封丘门。街两侧是金紫医官药铺，如杜金钩家、曹家独胜丸、山水李家口齿咽喉药、石鱼儿班防御、银孩儿柏郎中家医小儿、大鞋任家产科。剩下的香药店铺、官员宅邸，这里不再逐个记录。这里的夜市比州桥的又热闹百倍，车马拥挤不堪，无法在这儿停留，京都人称这里为"里头"。

大内西右掖门外街巷

大内西去，右掖门祆庙[1]，直南浚仪桥，街西尚书省东门，至省前横街，南即御史台，西即郊社[2]。省南门正对开封府后墙，省西门谓之西车子曲，史家瓠羹、万家馒头在京第一。次曰吴起庙[3]。出巷乃大内西角楼大街，西去踊路街，南太平兴国寺后门，北对启圣院，街以西殿前司，相对清风楼、无比客店、张戴花洗面药，国太丞、张老儿、金龟儿、丑婆婆药铺，唐家酒店，直至梁门，正名阊阖。出梁门西去，街北建隆观，观内东廊于道士卖齿药，都人用之。街南蔡太师宅[4]，西去州西瓦子，南自汴河岸，北抵梁门大街，亚其里瓦，约一里有余，过街北即旧宜城楼。近西去金梁桥街，西大街荆筐儿药铺，枣王家金银铺。近北巷口熟药惠民西局。西去瓮市子，乃开封府刑人之所也。西去盖防御药铺、大佛寺。都亭西驿，相对京城守具所。自瓮市子北去大街，班楼酒店，以北大三桥子至白虎桥，直北即卫州门。

【注释】①祆（xiān）庙：即祆祠。祆教祭祀火神的寺院。

②郊社：古代祭祀天地之处。

③吴起：战国时期卫国人，军事家、政治家。善于用兵，后投奔楚国辅佐楚悼王实行变法，楚国国力更加强大。悼王死后，被旧贵族

杀害。其墓当时在汴京城内，后被金人所毁。

④蔡太师：即徽宗时太师蔡京。

【译文】从皇宫往西走，是右掖门、祆庙，往南直走就到了浚仪桥，街西面是尚书省东门，再往前就到了尚书省门前的横街，南侧是御史台，西侧是郊社。尚书省南门正对着开封府后墙，尚书省西门被人们叫作西车子曲，此处的史家瓠羹、万家馒头在京城里可以算第一。接着是吴起庙。出了巷子是皇宫的西角楼，沿着大街往西走是踊路街，南侧是太平兴国寺后门，北面对着启圣院，街西是殿前司，对面是清风楼、无比客店、张戴花洗面药，国太丞、张老儿、金龟儿、丑婆婆药铺，唐家酒店，一直走就到了梁门，它的正名是阖闾门。出了梁门往西走，街北是建隆观，有道士在观内东廊卖牙药，京都人都用它。街南是蔡太师宅邸，往西走是州西瓦子。这个瓦子南到汴河岸，北到梁门大街，比里瓦子小，占地大约一里多。过了街往北是旧宜城楼。附近往西走是金梁桥街、西大街、荆筐儿药铺、枣王家金银铺。附近往北的巷口是熟药惠民西局。往西走是瓮市子，是开封府处决犯人的地方。再往西走是盖防御药铺、大佛寺、都亭西驿，对面是京城守具所。从瓮市子往北走的大街上，有班楼酒店，接着往北是大三桥子，到白虎桥，一直往北就到了卫州门。

大内前州桥东街巷

大内前，州桥之东，临汴河大街，曰相国寺。有桥平正如州桥，与保康门相对。桥西贾家瓠羹，孙好手馒头，近南即保康门潘家黄耆圆，延宁宫禁女道士观，人罕得入。街西保康门瓦子，东去沿城皆客店，南方官员商贾兵级^①，皆于此安泊。近东四圣观、袜袎巷。以东城角定力院，内有朱梁高祖御容^②。出保康门外，新建三尸庙^③、德安公庙。南至横街，西去通御街曰麦稍巷^④口。以南太学东门、水柜街余家染店。以南街东法云寺。又西去横街张驸马宅，寺南佑神观。

【注释】①兵级：宋代对兵丁和级节的合称。

②朱梁高祖：即后梁太祖朱温。御容：皇帝的画像。

③三尸庙：供奉三尸神的庙宇。道家称在人体内作祟的神有三，叫三尸或三尸神，每于庚申日向天帝呈奏人的过恶。

④麦稍巷：即麦秸巷。

【译文】皇宫前面州桥的东面，临汴河的大街上有相国寺。寺前有座桥，就像州桥那样平正，正对着保康门。桥的西面是贾家瓠羹、孙好手馒头，南面不远处是保康门潘家黄耆圆和延宁宫禁女道士观，这个道观一般人很难进入。街西是保康门瓦子，往东走，沿着城墙都是客店，南方做官的官员、商人、军士，都是在这里住宿。往东不远是四圣观、袜袎巷。再往东就到了内城角的定力院，里面有后梁太祖朱温的画像。出了保康门外，是新建的三尸庙、德安公庙。往南到横街，往西走直通御街是麦秸巷口。往南是太学东门、水柜街余家染店。再往南，街东是法云寺。又往西走，就到了横街、张驸马宅，法云寺的南面是佑神观。

相国寺内万姓交易

相国寺，每月五次开放，万姓交易。大三门上皆是飞禽猫犬之类①，珍禽奇兽，无所不有。第二、三门皆动用什物，庭中设彩幕、露屋、义铺②，卖蒲合、簟席、屏帏、洗漱、鞍辔、弓剑、时果、腊脯之类③。近佛殿，孟家道院王道人蜜煎、赵文秀笔及潘谷墨，占定两廊，皆诸寺师姑卖绣作、领抹、花朵、珠翠、头面、生色销金花样幞头、帽子、特髻冠子、绦线之类④。殿后资圣门前，皆书籍、玩好、图画，及诸路散任官员土物、香药之类。后廊皆日者、货术、传神之类⑤。寺三门阁上并资圣门，各有金铜铸罗汉五百尊、佛牙等⑥。凡有斋供，皆取旨方开。三门左右有两瓶琉璃塔，寺内有智海、惠林、宝梵、河沙。东西塔院，乃出角院舍，各有住持僧官，每遇斋会，凡饮食茶果、动使、器皿，虽三五百分，莫不咄嗟而辨⑦。大殿两廊，皆国朝名公笔迹，左壁画炽盛光佛降九曜鬼百戏⑧，右壁佛降鬼子母揭盂⑨。殿庭供献乐部马队之类，大殿朵廊皆壁隐楼殿人物，莫非精妙。

【注释】①大三门：即宋太宗至道二年重建的相国寺大门。

②义铺：临时设置的货摊，也作浮铺。

③蒲合：用蒲草编的席子。簟席：竹席。屏帏：屏帐。鞍辔（pèi）：马鞍和缰绳，二者皆为骑马的用具。

④销金:嵌金色线。幞头:一种古代男子用的头巾。以丝娟裁成方巾,方巾四角下垂四长带,用来裹发,盛行于唐代。冠子:古代妇女所戴的冠。绦线:泛指杂色丝带丝线之类。

⑤日者:古时以候卜筮为业的人。传神:摹绘人像。

⑥佛牙:指释迦牟尼火化后遗留下来的牙齿,佛教徒视为珍宝。

⑦咄嗟而辨:很快就办好。辨,通"办"。

⑧九曜:指梵历中的九星。梵历以九星配日,而定其日之吉凶。

⑨鬼子母:佛教神名。梵名诃梨帝母,意译为欢喜。晋末凉译为鬼子母。王舍城娑多药叉之女,既嫁,生五百儿。发恶愿欲尽食王舍城中他家之小儿。经佛度化,转为保护小儿之神。

【译文】相国寺每个月开放五次,百姓可以进来做买卖。大三门前都是卖飞禽猫犬等的,珍禽异兽,无所不有。第二、三道门卖的都是各种日常用品。庭院里架起彩色帐幕,还有露天屋舍和临时货摊,卖蒲草席子、竹席、屏帐、洗漱用具、鞍辔、弓剑、时鲜水果、腊肉等。靠近佛殿,有卖孟家道冠、王道人蜜煎、赵文秀笔以及潘谷墨的。占满两边走廊的,都是各寺院尼姑卖的刺绣、领巾抹额、花朵、珍珠翡翠、头饰、生色嵌金线式样幞头、帽子、特髻冠子、绦线等。大殿后面的资圣门前,都是卖书籍、珍奇玩物、图画,以及各路卸任官员带来的土产、香料等。后廊都是算命占卜、给人画像的摊位。相国寺的大三门楼上和资圣门,分别有鎏金铜铸罗汉五百尊、佛牙等,人们想在这里摆放供品,都需要取得住持的批准才能开门。大三门左右各有一座琉璃塔,寺里有智海、惠林、宝梵、河沙,东西塔院,是僧人的住处,分别住着住持僧人。每逢斋会,凡是所需的饮食、茶点、水果、日用的器具,即使是三五百份,都能马上备好。大殿两侧走廊上，都是本朝名家真迹，大殿左墙上画的是炽盛光佛降九曜鬼百戏，右墙上画的是佛降鬼子母揭盂，大殿庭院摆放着画有乐部马队之类的图画，大殿朵廊墙上画的都是宫殿人物，无不精致美妙。

寺东门街巷

寺东门大街，皆是幞头、腰带，书籍、冠朵铺席，丁家素茶。寺南即录事巷妓馆①，绣巷皆师姑绣作居住。北即小甜水巷，巷内南食店甚盛，妓馆亦多。向北李庆糟姜铺。直北出景灵宫东门前，又向北曲东税务街、高头街。姜行后巷，乃脂皮画曲妓馆。南北讲堂巷、孙殿丞药铺、靴店。出界身北巷，巷口宋家生药铺，铺中两壁皆李成所画山水②。自景灵宫东门大街向东，街北旧乾明寺，沿火改作五寺王监③。以东向南曰第三条甜水巷，以东熙熙楼客店，都下着数。以东街南高阳正店，向北入马行。向东街北曰车辂院，南曰第二甜水巷。以东审计院，以东桐树子韩家，直抵太庙前门。南往观音院，乃第一条甜水巷也。太庙北入榆林巷，通曹门大街，不能遍数也。

【注释】①录事：指妓女。

②李成：字咸熙，号营丘，五代、宋初著名画家。善琴棋书画，尤擅画山水。好用淡墨表现烟云变幻，有惜墨如金之称。与范宽、董源为北宋山水的三大主流派，对后世影响甚大。

③五寺王监：应为五寺三监，"王"字为"三"字之误。五寺指太常寺、太府寺、司农寺、大理寺、宗正寺。三监指将作监、军器监、国子监。

【译文】相国寺的东门大街，都是卖幞头、腰带、书籍、冠朵的店铺，还有丁家素茶。相国寺南面是录事巷，妓院众多。绣巷都是由制作刺绣的师姑居住。相国寺北面是小甜水巷，巷内有很多南方饮食店，妓院也多。往北走是李庆糟姜铺，一直往北就到了景灵宫的东门前。再往北拐是东税务街、高头街。姜行后巷，此处是脂皮画曲妓院。南北讲堂巷，有孙殿丞药铺、靴店。出了界身北巷，巷口是宋家生药铺，药铺内两面墙上都是李成画的山水画。从景灵宫东门大街往东走，街北是旧乾明寺，被火烧了之后就改为五寺三监的衙门。往东再往南是第三条甜水巷，再往东是熙熙楼客店，算是京城里数得上的知名店铺。往东街南是高阳正店，向北走进入马行街。往东街北是车辂院，街南是第二条甜水巷。往东是审计院，再往东是桐树子韩家，一直到达太庙前门。南边去往观音院，即第一条甜水巷。太庙往北进入榆林巷，通往曹门大街，这里就不再逐个记录街巷和店铺了。

上清宫

上清宫在新宋门里街北，以西芮山下院。醴泉观在东水门里。观音院在旧宋门后、太庙南门。景德寺在上清宫背，寺前有桃花洞，皆妓馆。开宝寺在旧封丘门外斜街子，内有二十四院，惟仁王院最盛。天清寺在州北清晖桥。兴德院在金水门外。长生宫在鹿家巷。显宁寺在炭场巷北。婆台寺在陈州门里。兜率寺在红门道。地踊佛寺在州西草场巷街南。十方静因院在州西油醋巷①。浴室院在第三条甜水巷。福田院在旧曹门外。报恩寺在卸盐巷。太和宫女道士，在州西洪桥子大街。洞元观女道士，在班楼北。瑶华宫在金水门外。万寿观在旧酸枣门外、十王宫前。

【注释】①静因院：即净因院。"静"为"净"字之误。

【译文】上清宫在新宋门里的街北，往西走是茆山下院。醴泉观在东水门里。观音院在旧宋门后、太庙的南门。景德寺在上清宫后面，寺的前面有桃花洞，那里都是妓院。开宝寺在旧封丘门外的斜街子，里面有二十四个院，其中仁王院香火最为旺盛。天清寺在州北的清晖桥。兴德院在金水门外。长生宫在鹿家巷。显宁寺在炭场巷北面。婆台寺在陈州门里。兜率寺在红门道。地踊佛寺在州西草场巷街的南侧。十方净因院在州西的油醋巷。浴室院在第三条甜水巷。福田院在旧曹门外面。卸盐巷有报恩寺。太和宫女道士，在州西洪桥子大街。洞元观女道士在班楼北面。金水门外有瑶华宫。万寿观在旧酸枣门外、十王宫前面。

马行街铺席

马行北去，旧封丘门外祆庙斜街，州北瓦子。新封丘门大街，两边民户铺席，外余诸班直军营相对，至门约十里余，其余坊巷院落，纵横万数，莫知纪极①。处处拥门，各有茶坊酒店，勾肆饮食②。市井经纪之家，往往只于市店旋买饮食，不置家蔬。北食则矾楼前李四家、段家㸆物、石逢巴子，南食则寺桥金家、九曲子周家，最为屈指。夜市直至三更尽，才五更又复开张。如要闹去处，通晓不绝。寻常四梢远静去处，夜市亦有燋酸豏、猪胰胡饼、和菜饼、獾儿、野狐肉、果木翘羹、灌肠、香糖果子之类③。冬月虽大风雪阴雨，亦有夜市。剹子、姜豉、抹脏、红丝、水晶脍、煎肝脏、蛤蜊、螃蟹、胡桃、泽州饧、奇豆、鹅梨、石榴、查子、榅桲、糍糕、团子、盐豉汤之类④。至三更，方有提瓶卖茶者。盖都人公私荣干⑤，夜深方归也。

【注释】①纪极：终极，限度。

②勾肆：古代伎人俳优的卖艺场所。

③酸豏（xiàn）：同酸馅，以蔬菜为馅的包子。

④水晶脍：亦作水晶鲙，将切细的鱼、肉碎片配以佐料，经烹煮、冷冻后而成的半透明块状食品。饧（xíng）：用麦芽或谷芽熬成的饴糖。糍糕：即糍粑。一种用糯米蒸制的食品。

⑤荣干：谓办事。

【译文】马行街往北走就到了旧封丘门外，这里有祆庙斜街、州北瓦子。新封丘门大街的两边都是民家和店铺，此外还相对排列着各班当值的军营，一直到离封丘门约十里多的地方，剩下的都是街巷院落，杂错众多，恐有万数，没法知道究竟有多少。到处门庭若市，各处都有茶坊酒店，勾栏饮食。街市上的生意人，常常只在市集的店里买现成的饮食,不在家起火做饭。北方饮食店有矾楼前李四家、段家熰物、石逢巴子,南方饮食店要数寺桥金家、九曲子周家,最为有名。直到三更夜市才结束,但到了五更又开张了。如果是繁华热闹之地,整晚都不会停止营业。平常偏远僻静的地方,夜市也有卖熰酸豏、猪胰胡饼、和菜饼、獾儿、野狐肉、果木翘羹、灌肠、香糖果子等。即便是冬天的风雪天或者阴雨天,也会有夜市出摊,卖的是剿子、姜豉、抹脏、红丝、水晶脍、煎肝脏、蛤蜊、螃蟹、胡桃、泽州饧、奇豆、鹅梨、石榴、查子、楂梓、糍糕、团子、盐豉汤等。到了三更,提着水瓶卖茶的才出来。这是因为京城的人不管是公干私事,常常到了深更半夜才能回家。

般载杂卖

东京般载车^①,大者曰"太平",上有箱无盖,箱如枸拦而平,板壁前出两木,长二三尺许,驾车人在中间,两手扶捉鞭绥驾之^②,前列骡或驴二十余,前后作两行,或牛五七头拽之。车两轮与箱齐,后有两斜木脚拖,夜中间悬一铁铃,行即有声,使远来者车相避。仍于车后系驴骡二头,遇下峻险桥路,以鞭唬之^③,使倒坐绳车,令缓行也。可载数十石。官中车惟用驴,差小耳。其次有"平头车",亦如"太平车"而小,两轮前出长木作辕,木梢横一木,以独牛在辕内项负横木,人在一边,以手牵牛鼻绳驾之,酒正店多以此载酒梢桶矣。梢桶如长水桶,面安靥口,每梢三斗许,一贯五百文。又有宅眷坐车子,与"平头车"大抵相似,但棕作盖,及前后有枸栏门,垂帘。又有独轮车,前后两人把驾,两旁两人扶拐,前有驴拽,谓之"串车",以不用耳子转轮也。般载竹木瓦石,但无前辕,止一人或两人推之。此车往往卖糕及糕糜之类人用,不中载物也。平盘两轮,谓之"浪子车"。唯用人拽。又有载巨石大木,只有短梯盘而无轮,谓之"痴车",皆省人力也。又有驼骡驴驮子,或皮或竹为之,如方匾竹筶两搭背上,斛斗则用布袋驮之^④。

【注释】①般载:搬运,运载。"般"通"搬"。

②绥:即"绥"字,古代指登车时手挽的索。

③唬:同"吓"。恐惧,害怕。

④驰:应是"驮"字之误。

【译文】汴京城里的搬运车,大的叫"太平车"。上面有车厢无车盖,车厢是栏杆状却很平整,板壁前面有两根木头伸出,长约两三尺。驾车的人就在中间,两手握着鞭子和缰绳,控制车子前行。车前面是二十多头骡或驴,前后排成两行,或者用五到七头牛来拉车。车子的两个轮子与车厢同高,车后安有两个倾斜的木脚拖,到了晚上中间会悬挂一个铁铃,行驶时就会有声音发出,可以让远处过来的车自行避让。车子后面还拴着两头驴或骡,遇到下坡或险峻的桥路,就用鞭子来吓唬它们,让它们向后倒拽车子,使车子可以缓慢前行。这种车可以运载几十石货物。官府的车只用驴来拉,要小一些。其次是平头车,和太平车类似但要小一些,两个轮子前面伸出的长木作为辕木,前头横着一根木头,把一头牛放到车辕内,颈上负着横木,人在一边，用手牵着牛鼻上的缰绳来驾车，大的酒店多用这车来运送酒梢桶。梢桶像一个长水桶，上面安有一个密封口，每个梢桶可以装三斗多酒，卖一贯五百文钱。还有专供家眷坐的车子，与平头车大致相似，但有棕榈做顶盖，车厢前后都有栏杆式的门，上面垂着帘子。还有一种独轮车，前后有两个人把着驾车，两边有两人扶着车子方便拐弯，前面有驴拽，被人们叫作"串车"，是因为它不用两边的耳子转轮。如果是用来搬运竹木瓦石，则前面没有车辕，只需要一人或两人在后面推，这种车往往都是卖糕和糕麋等的人用，不适于运送重物。还有一种平底两轮车，被人们叫作"浪子车"，只用人来拉。还有运送巨石或大木的，只有短梯状的底盘而没有轮子，被人们叫作"痴车"。这几种车子都可以节省人力。还有用骆驼、骡子、驴来驮运货物，用皮或竹子做成的容器，形状像方匾竹篓，两边搭在牲口的背上，要是运送粮食则用布袋驮运。

都市钱陌

都市钱陌①，官用七十七，街市通用七十五，鱼、肉、菜七十二陌，金银七十四，珠珍、雇婢妮、买虫蚁六十八②，文字五十六陌，行市各有短长使用。

【注释】①钱陌：本为一百文的钱串，后成为钱的计量单位，名为一陌而实不足百文。

②虫蚁：小的飞禽走兽。

【译文】京都集市上用百钱作为计量单位, 但实际上官府使用时以七十七钱为一陌, 街市上通常是用七十五钱为一陌, 买鱼肉菜是七十二钱为一陌, 买金银是七十四钱为一陌, 买珠宝、雇婢女、买小动物是六十八钱为一陌, 文字交易是五十六钱为一陌。行业不同使用钱币时的计数方法也各有不同。

雇觅人力

凡雇觅人力, 干当人①, 酒食作匠之类, 各有行老供雇②。觅女使即有引至牙人③。

【注释】①干当人: 被官府或大户人家雇佣做杂役的人。
②行老: 古代大都市中各行各业的头儿, 兼为人介绍职业。
③牙人: 旧时居于买卖双方之间, 从中撮合, 以获取佣金的人
【译文】凡是花钱寻找帮忙办事的人, 比如做杂役的人、厨师之类, 各有专门的行老来雇佣。如果想雇女佣, 就可以到牙人那里寻求推荐。

防火

每坊巷三百步许, 有军巡铺屋一所, 铺兵五人, 夜间巡警, 收领公事①。又于高处砖砌望火楼, 楼上有人卓望②。下有官屋

数间，屯驻军兵百余人，及有救火家事③，谓如大小桶、洒子、麻搭、斧锯、梯子、火叉、大索、铁猫儿之类。每遇有遗火去处，则有马军奔报军厢主，马步军、殿前三衙、开封府，各领军级扑灭，不劳百姓。

【注释】①收领：拘捕、拘禁。公事：即公事人。罪犯。

②卓望：眺望、瞭望。

③家事：家什、器具。

【译文】每个街巷间隔三百多步，就设有一处军巡铺屋，每铺有士兵五人，负责夜间巡逻警备、逮捕犯人。又在高处用砖砌成望火楼，楼上有人瞭望。下面有数间官屋，驻守着一百多名士兵，还有一些救火工具，例如大小桶、洒子、麻搭、斧锯、梯子、火叉、大索、铁猫儿等。每当遇到有失火的地方，就有骑兵飞奔报告给军厢主，由他通知马军司、步军司、殿前司这三个衙门和开封府，各自率领士兵灭火，不用劳烦百姓。

天晓诸人入市

每日交五更，诸寺院行者打铁牌子①，或木鱼，循门报晓，亦各分地分，日间求化。诸趋朝入市之人，闻此而起。诸门桥市井已开，如瓠羹店门首坐一小儿，叫"饶骨头"，间有灌肺及炒肺。酒店多点灯烛沽卖，每分不过二十文，并粥、饭、点心。亦间或有卖洗面水，煎点汤茶药者，直至天明。其杀猪羊作坊，每人担猪羊及车子上市，动即百数。如果木亦集于朱雀门外，及州桥之西，谓之果子行。纸画儿亦在彼处，行贩不绝。其卖麦面，秤作一布袋②，谓之"一宛"，或三五秤作一宛，用太平车或驴、马驮之，从城外守门入城货卖，至天明不绝。更有御街、州桥至南内前，趁朝卖药及饮食者，吟叫百端。

【注释】①行者：佛教语。即"头陀"。行脚乞食的苦行僧人，又指方丈的侍者及在寺院服杂役尚未剃发的出家者。

②秤：同"称"。中国古代重量单位。十五斤为一秤。

【译文】每天五更的时候，各寺院的行者敲打着铁牌子或木鱼，挨家挨户给人们报晓，也各自划分地段，到了白天，就在这里化缘。那些上朝赶市集的人，听到报晓声就纷纷起床。各个城门以及州桥的市集已经开张，如瓠羹店门口坐着一个小孩，叫"饶骨头"，有时有灌肺和炒肺出售。酒店多点灯售卖，每份早饭价钱不超过二十文钱，还有粥、饭、点心。有时也卖洗脸水，煎制的汤水、茶药，直到天明。那些宰杀猪羊的作坊，每个人肩上担着猪羊，还有推着车子的，来到市集，动辄就有上百人。那些卖水果的也集中在朱雀门外，以及州桥西面，被人们称作果子行。卖纸画的也在那里，往来贩卖货物的人络绎不绝。还有卖小麦面粉的，一秤做为一布袋，被人们称作"一宛"，或者三五秤做为一宛，装在太平车上或用驴马驮着，晚上守在城门外，一到开城门然后进城叫卖，到天亮仍络绎不绝。还有御街州桥到大内的南门前，在早上卖药和吃食的小商小贩，各种叫卖声不绝于耳。

诸色杂卖

若养马，则有两人日供切草。养犬则供饧糟①，养猫则供猫食并小鱼。其锢路、钉铰、箍桶、修整动使、掌鞋、刷腰带、修幞头、帽子、补角冠、日供打香印者②，则管定铺席，人家牌额③，时节即印施佛像等。其供人家打水者，各有地分坊巷，及有使漆、打钗环、荷大斧斫柴、换扇子柄、供香饼子、炭团，夏月则有洗毡、淘井者④，举意皆在目前。或军营放停乐人⑤，动鼓乐于空闲，就坊巷引小儿、妇女观看，散糖果子之类，谓之"卖梅子"，又谓之"把街"。每日如宅舍宫院前，则有就门卖羊肉、头、肚、腰子、白肠、鹑、兔、鱼、虾、退毛鸡鸭、蛤蜊、螃蟹、杂爊、香药果子、博卖冠梳、领抹、头面、衣着、动使、铜铁器、衣箱、磁器之类。亦有扑上件物事者，谓之"勘宅"。其后街或闲空处，团转盖局屋，向背聚居，谓之"院子"，皆小民居止。每日卖蒸梨枣、黄糕糜、宿蒸饼、发芽豆之类。每遇春时，官中差人夫，监淘在城渠，别开坑盛淘出者泥，谓之"泥盆"，候官差人来检视了方盖覆。夜间出入，月黑宜照管也。

【注释】①饧糟：做麦芽糖剩下的渣子。

②锢路：用熔化的金属堵塞金属物品的漏洞。钉铰：指洗镜、补锅、镉碗等。角冠：道冠。打香印：用模子印制盘香。

③牌额：匾额。长方形的木牌或绸布做的横幅，上面题字，作为标记或表示称颂，挂在门的上方或墙的上部。

④淘井：取出井中的污泥浊水。

⑤放停：聚集、陈列。乐人：歌舞演奏艺人的泛称。

【译文】如果养马，每日就需要两个人来供应铡草。养狗就供应饧糟，养猫就供应猫食和小鱼。还有那些修补漏洞、洗镜、补锅、锅碗、箍桶、修理日常用具的匠人，补鞋、修整腰带、幞头帽子、补角冠的手工艺人和每日供应盘香的，都有固定的店铺和自己的匾额，相应节日刻印佛经并发送佛像。那些供应居民打水的，各自都有划分的地段街巷。还有刷油漆、打造钗环、扛着大斧替人劈柴的、换扇子柄、供应香饼子、炭团的人，夏天会有清洗毛毡、淘井的工人，随时需要就在眼前。在空闲时间有时军营里的乐人会聚集起来弹奏乐器，引得附近街巷的妇女儿童观看，然后会给他们分发一些糖果，被人们叫作"卖梅子"，又叫"把街"。每日在宅子宫院门前，就有挨门卖羊肉、头、肚、腰子、白肠、鹑、兔、鱼、虾、褪毛鸡鸭、蛤蜊、螃蟹、杂燠、香药果子、博卖冠梳、领抹、头面、衣着、日用铜铁器、衣箱、磁器等。也有把上面这些东西进行扑卖的，被人们叫作"勘宅"。城里后街或空闲处，人们围绕着建起房子，门户相对或相背集中居住的地方，被人们叫作"院子"，都是平民百姓居住在这里。每日卖蒸梨枣、黄糕麋、宿蒸饼、发芽豆等。每到春天，官府都会派人监察疏通城里的沟渠，然后在旁边挖出大坑用来放疏通出来的淤泥，被人们叫作"泥盆"，等到官府派人来检查巡视后才可以封盖。夜间出入时，天黑会有专人在这里照看以防发生意外。

卷之四

军头司

军头司每旬休①，按阅内等子②，相扑手、剑棒手格斗。诸军营殿前指挥使直③，在禁中有左右班、内殿直、散员、散都头、散直、散指挥。御龙左右直，系打御从物御龙骨朵子直、弓箭直、弩直、习驭直、骑御马、钩容直、招箭班、金枪班、银枪班。殿侍诸军东西五班常入祗候，每日教阅野战。每遇诸路解到武艺人对御格斗④。天武、捧日、龙卫、神卫，各二十指挥，谓之上四军，不出戍。骁骑、云骑、拱圣、龙猛、龙骑，各十指挥。殿前司、步军司有虎翼各二十指挥，虎翼水军、宣武，各十五指挥，神勇、广勇、各十指挥，飞山床子弩、雄武、广固等指挥。诸司则宣效六军，武肃、武和、街道司诸司、诸军指挥，动以百数。诸宫观宅院，各有清卫、厢军、禁军、剩员十指挥。其余工匠：修内司、八作司、广固作坊、后苑作坊、书艺局、绫锦院、文绣院、内酒坊、法酒库、牛羊司、油醋库、仪鸾司、翰林司、喝探、武严、辇官、车子院、皇城官[司]亲从官、亲事官、上下宫皇城黄皂院子、涤除⑤，各有指挥，记省不尽。

【注释】①旬休：每十日休息一日。为唐宋官吏的休假制度。

②等子：宋制，担任御前仪卫的军职人员中有等子。

③直：宋朝军队编制名称。

④对御：谓皇帝赐宴，与群臣共饮。

⑤喝探：宋代天子宿于斋殿时，殿门外的禁卫士兵巡逻警戒时，喝声相问，称为喝探。涤除：为除去某种外部物质（如灰垢、肥皂沫、化学药物等）而冲洗。

【译文】军头司每到旬休日，就按照受阅范围内的等级安排等子、相扑手、剑棒手进行格斗训练。各军营的殿前指挥使直，在禁中有左右班、内殿直、散员、散都头、散直、散指挥。御龙左右直，负责护卫皇帝安全和持举各种仪仗，包括御龙骨朵子直、弓箭直、弩直、习驭直、骑御马直、钧容直、招箭班、金枪班、银枪班。殿侍诸军东西五班，常入宫中听候，每天还要进行野战训练。每逢有各路解送到京城的武艺高强人士，还要在皇帝面前进行格斗表演。天武、捧日、龙卫、神卫，各有二十指挥的兵力，被人们叫作上四军，不用到边地戍守。骁骑、云骑、拱圣、龙猛、龙骑，各有十个指挥的兵力。殿前司和步军司各有虎翼步军，分别是二十指挥的兵力，虎翼水军、宣武各有十五指挥的兵力，神勇、广勇各有十个指挥的兵力，以及飞山、床子弩、雄武、广固等各有指挥。殿前诸司则宣效六军，武肃、武和、街道司各司各军指挥，动辄上百。各个宫观宅院，分别有清卫厢军、禁军剩员都是十个指挥。其余工匠修内司、八作司、广固作坊、后苑作坊、书艺局、绫锦院、文绣院、内酒坊、法酒库、牛羊司、油醋库、仪鸾司、翰林司、喝探、武严、辇官、车子院、皇城司亲从官、亲事官、上下宫皇城黄皂院子、涤除等机构，各有指挥，回忆不全，难以详述。

皇太子纳妃

皇太子纳妃，卤部仪仗[①]，宴乐仪卫，妃乘厌翟车[②]，车上设紫色团盖，四柱维幕，四垂大带，四马驾之。

【注释】①卤部：即卤簿，古代帝王驾出时扈从的仪仗队。出行之目的不同，仪式亦各别。自汉以后亦用于后妃、太子、王公大臣。唐制四品以上皆给卤簿。

②厌翟车：后、妃、公主所乘的车。因以翟羽为蔽，故称。翟，即雉鸟。

【译文】皇太子纳妃的时候，使用皇家仪仗队开路，宴饮时仪仗卫士来奏乐。太子妃乘坐的是厌翟车，车上设有紫色的圆形顶盖，四角各有木柱系着帷幕，玉带从四面垂下来，用四匹马驾车。

公主出降

公主出降[①]，亦设仪仗、行幕步障，水路[②]，凡亲王、公主出则有之。皆系街道司兵级数十人，各执扫具、镀金银水桶，前导洒之，名曰"水路"。用檐床数百，铺设房卧，并紫衫卷脚幞头天武官抬舁③。又有宫嫔数十，皆真珠钗插、吊朵、玲珑簇罗头面，红罗销金袍帔④，乘马双控双搭，青盖前导，谓之"短镫"。前后用红罗销金掌扇遮簇⑤，乘金铜檐子⑥，覆以剪棕，朱红梁脊，上列渗金铜铸云凤花朵⑦，檐子约高五尺许，深八尺，阔四尺许，内容六人，四维垂绣额珠帘，白藤间花。匣箱之外，两壁出栏槛，皆缕金花装雕木人物神仙。出队两竿十二人，竿前后皆设绿丝绦，金鱼勾子勾定⑧。

【注释】①出降：帝王之女出嫁。因帝王位处至尊，故称降。

②行幕：出行使用的帐幕。步障：古代的一种用来遮挡风尘、视线的屏幕。

③抬舁（yú）：扛抬。

④袍帔（pèi）：锦袍霞帔。

⑤遮簇：簇拥掩护。

⑥檐子：肩舆之类。

⑦渗金：以金粉或金箔装饰物体表面。

⑧勾子：即钩子。勾，同"钩"。

【译文】公主出嫁的时候，也设有仪仗队、行幕、步幛，需走水路。凡是亲王的公主出嫁都有这样的规格。街道司会派几十个兵丁，每个人手拿扫洒工具，提着镀金银的水桶，在仪仗队前面开路，扫地洒水，这就叫"水路"。仪仗队用的檐床有几百个，里面铺满了嫁妆，并由身着紫衫、头戴卷脚幞头的天武军官抬着。还有几十个宫女，都头戴珍珠钗子、精巧的吊朵绢花、簇罗头饰，身着红罗销金的锦袍霞帔，成双成对地骑马前行，前面有人手执青色的华盖开路，被人们叫作"短镫"。仪仗队前后用红罗销金掌扇簇拥掩护，公主乘坐在金铜檐子里，用修剪过得棕榈叶覆盖，朱红色的梁脊，上面排列着渗金铜铸的云凤花朵。檐子大约高五尺多，深八尺，宽四尺多，里面可以坐六人，四面悬挂着绣區珠帘，配有白藤缀花的图案。檐厢外面，两边厢壁高出的栏杆上，都镂刻着金花，装饰雕刻着人物和神仙的图案。抬檐子需要十二人，列队一样排在两杆旁边，杆子前后都设有绿色丝带，用金鱼钩子勾住。

皇后出乘舆

皇太后、皇后出乘者，谓之"舆"[①]。比檐子稍增广，花样皆龙，前后檐皆剪棕。仪仗与驾出相似而少，仍无驾头警跸耳[②]。士庶家与贵家婚嫁，亦乘檐子，只无脊上铜凤花朵，左右两军自有假赁所在[③]。以至从人衫帽，衣服从物，俱可赁，不须借措。余命妇王公士庶，通乘坐车子，如檐子样制，亦可容六人，前后有小勾栏，底下轴贯两挟朱轮，前出长辕，约七八尺，独牛驾之，亦可假赁。

【注释】①舆：车中装载东西的部分，后泛指车。

②驾头：帝王出行时仪仗队中的宝座。警跸（bì）：古代帝王出入时，于所经路途侍卫警戒，清道止行，谓之警跸。

③假赁：借，租借。

【译文】皇太后、皇后出行乘坐的称之为"舆"。舆比檐子稍微宽大一些，都装饰着龙的图案，前后顶檐都是修剪好的棕榈叶。仪仗与皇帝出行时相似但人数要少些，而且没有驾头和警跸。士人百姓家和权贵家结婚的时候，也可以乘坐檐子，只是没有梁脊上的铜凤花朵，左右两侧仪仗护卫自有租借的地方。甚至随从穿的衣裳、帽子、饰物，都有地方租，不须到处借用或置办。其余的命妇王公、士大夫，通常都乘坐车子，就像檐子的形状那样，里面也可以坐六人，车子前后有小栏杆，车底有轴贯穿两侧朱红色车轮，车轴向前伸出长辕，大约七八尺，用一头牛驾着，也有地方可以租借。

杂赁

若凶事出殡，自上而下，凶肆各有体例①。如方相、车舆、结络、彩帛②，皆有定价，不须劳力。寻常出街市干事，稍似路远倦行，逐坊巷桥市，自有假赁鞍马者，不过百钱。

【注释】①凶肆：替人办理丧事和出售丧葬用物的店铺。

②方相：古代逐疫或出丧行列前开道的神像，形貌令人畏怖。

【译文】如果有丧事出殡，从上而下需要的物品，在出售丧葬用品的店家那里置办时有固定的规矩。比如方相、车舆、结络、彩帛，都有规定的价格，不须劳神费力再去做。平时出门办事，路稍远走路嫌累，在经过的街坊里巷、州桥集市上，自有租借鞍马的地方，价格不超过一百文钱。

修整杂货及斋僧请道

　　倘欲修整屋宇，泥补墙壁，生辰忌日，欲设斋僧尼道士，即早辰①桥市街巷口，皆有木竹匠人，谓之"杂货工匠"，以至杂作人夫，道士僧人，罗立会聚，候人请唤，谓之"罗斋"。竹木作料，亦有铺席。砖瓦泥匠，随手即就。

　　【注释】①早辰：即早晨。
　　【译文】如果想修整房屋，修补墙壁，或者生辰忌日，想设斋请僧人、尼姑、道士诵经超度，就早晨到桥市街巷口，那里有木匠竹工，被人们叫作"杂货工匠"。甚至各种做杂活的人，以及道士僧人，站在那里成群聚集，等待别人雇佣，被人们叫作"罗斋"。竹木材料也有店铺售卖，砖瓦泥匠立刻就可以叫来。

筵会假赁

　　凡民间吉凶筵会，椅卓陈设①，器皿合盘②，酒檐动使之类③，自有茶酒司管赁④。喫食下酒，自有厨司。以至托盘下请书，安排坐次、尊前执事、歌说劝酒，谓之"白席人"，总谓之"四司人"。欲就园馆亭榭寺院游赏命客之类⑤，举意便办，亦各有地分, 承揽排备, 自有则例, 亦不敢过越取钱。虽百十分, 厅馆整肃, 主人只出钱而已, 不用费力。

【注释】①卓: 同"桌"。几案, 可用于饮食、读书、写字。

②合: 盒子。后作"盒"。

③檐: 通"担"。用肩膀挑。

④管赁: 负责操办及租借设备和用具。

⑤命客: 宴请客人。

【译文】凡是民间举办喜事或丧事的宴会, 桌椅陈设、器皿盒盘、酒担器具之类, 自有茶酒司负责操办租借。饭菜酒食, 自有厨司准备。甚至还有托盘司下请帖, 安排客人座次, 席间服务、唱歌劝酒的, 被人们叫作"白席人", 上面提到的总称为"四司人"。所以想到园子、馆舍、亭台、寺院游览玩赏宴请客人等, 随意吩咐即可办到, 这种服务也各自有划分的地段, 承办准备, 自有定例, 承办者也不敢收取过高的价钱。虽花费只有百十分钱, 但厅馆安排得整齐肃穆, 主人只需要出钱就行, 不用费力操办。

会仙酒楼

如州东仁和店, 新门里会仙楼正店, 常有百十分厅馆动使, 各各足备, 不尚少阙一件①。大抵都人风俗奢侈, 度量稍宽, 凡酒店中, 不问何人, 止两人对坐饮酒, 亦须用注碗一副②, 盘盏两副, 果菜碟各五片, 水菜碗三五只, 即银近百两矣。虽一人独饮，碗遂亦用银盂之类。其果子菜蔬，无非精洁。若别要下酒，即使人外买软羊、龟背、大小骨、诸色包子、玉板鲊、生削巴子、瓜姜之类。

【注释】①阙：古代用作"缺"字。缺少。

②注碗：碗状酒具。

【译文】像州东的仁和店，新门里的会仙楼正店，通常备有百十份供厅堂楼馆举办宴会使用的器具，个个齐备，不会缺少一件。大概是因为京都人的风俗是崇尚奢侈，爱摆排场，凡是来酒店的，不论什么人，即使只是两个人对坐喝酒，也必须用一副注碗，两副盘盏，果菜碟各五个，三五只水菜碗，这些就花费近百两银子了。即使是一个人单独喝酒，也会用上银制的碗碟酒器。要的果子菜蔬，无不精致洁净。如果要别的下酒菜，就派人到外面买软羊、龟背、大小骨、各种馅的包子、玉板鲊、生削巴子、瓜姜等。

食店

大凡食店①，大者谓之"分茶"，则有头羹、石髓羹、白肉、胡饼、软羊、大小骨、角炙䐡腰子、石肚羹、入炉羊、罨生软羊面、桐皮面、姜泼刀回刀、冷淘棋子、寄炉面饭之类②。吃全茶③，饶虀头羹。更有川饭店④，则有插肉面、大熬面、大小抹肉淘、煎熬肉、杂煎事件、生熟烧饭。更有南食店⑤，鱼兜子、桐皮熟脍面、煎鱼饭。又有瓠羹店⑥，门前以枋木及花样沓结缚如山棚⑦，上挂成边猪羊，相间三二十边。近里门面窗户，皆朱绿装饰，谓之"驔门"。每店各有厅院东西廊，称呼坐次。客坐则一人执箸纸，遍问坐客。都人侈纵，百端呼索，或热或冷，或温或整，或绝冷、精浇、臕浇之类⑧，人人索唤不同。行菜得之⑨，近局次立⑩，从头唱念，报与局内。当局者谓之"铛头"⑪，又曰"着案"讫。须臾，行菜者左手权三碗，右臂自手至肩，驮叠约二十碗，散下尽合各人呼索，不容差错。一有差错，坐客白之主人，必加叱骂，或罚工价，甚者逐之。吾辈入店，则用一等琉璃浅棱碗，谓之"碧碗"，亦谓之"造羹"，菜蔬精细，谓之"造齑"，每碗十文，面与肉相停⑫，谓之"合羹"，又有单羹，乃半个也。旧只用匙，今皆用箸矣。更有插肉、拨刀、炒羊、细物料棋子、馄饨店，及有素分茶⑬，如寺院斋食也。又有菜面、胡蝶齑疙瘩，及卖随饭，荷包白饭，旋切细料馉饳儿、瓜齑、萝卜之类⑭。

【注释】①食店：饮食店，点心店。

②罨（yǎn）生：罨即淹。罨生犹言生淹。冷淘：过水面及凉面一类食品。

③吃全茶：享受全套的茶道。

④川饭店：专做川菜的饭馆。

⑤南食店：专做南方风味的饭馆。

⑥瓠羹：即"瓠叶羹"，用瓠叶等煮成的浓汁食品。

⑦山棚：为庆祝节日而搭建的彩棚，其状如山高耸，故名。

⑧精浇：精肉浇头。臕浇：加在面条上做浇头的肥肉。臕，同

"膘"，肥肉或肥厚的脂肪。

⑨行菜：指端送菜肴的人。

⑩局：指厨房。

⑪铛头：执掌烹饪的厨师。

⑫相停：相等，均等。

⑬素分茶：卖素食品的饮食店。

⑭馉饳（gǔ duo）儿：古代的一种面食，有馅。一说即"馄饨"。

【译文】说起京城里的那些饭馆，大的饭馆都叫"分茶"，可以吃头羹、石髓羹、白肉、胡饼、软羊、大小骨、角炙犒腰子、石肚羹、入炉羊、罨生软羊面、桐皮面、姜泼刀回刀、冷淘棋子、寄炉面饭之类的饭食。如果在大饭馆里想享受全套的茶道，店里会免费送上一份斋头羹。还有专门做川菜的饭馆，可以吃插肉面、大燠面、大小抹肉淘、煎燠肉、杂煎事件、生熟烧饭。此外，还有专做南方风味的饭馆，可以吃鱼兜子、桐皮熟脍面、煎鱼饭。京城里的瓠羹店，门前面总是用枋木及变换花样的栅条搭成山棚式的样子，上面挂着二三十扇杀好的猪羊肉。靠近里面的窗户都是用红绿色来装饰的，人们称它们为"驼门"。每个饭馆都有厅院和东西长廊，按要求安排座位摆放桌椅。等到客人坐下以后，跑堂的人就会拿着筷子和菜单，一一询问客人的需要。京都人既奢侈又放纵，他们百般挑剔，有的人要热菜，有的人要凉菜，还有的人要不冷不热的饭菜。有的人要整鸡整鱼，有的人则要极凉的菜肴。有的人要精肉浇头，有的人却要肥肉浇头。总之，每个人要的饭菜都各不相同。传菜的人拿到点菜单后，站在靠近厨房的地方，从头到尾依次高声复诵，报告给厨房里的人。在厨房里掌勺的大师傅叫作"铛头"，又叫"着案"。稍等片刻，就见传菜的人左手拿着三个碗，右臂从手到肩膀摆放了大约二十个碗，走到客人跟前，逐一发给每位客人，不允许有一点错误。一旦有了差错，客人告诉店掌柜，掌柜一定会责骂传菜的人，或者扣他的工钱，更严重的时候会辞退他。我们这些人进了饭馆，店里就会放上一等琉璃浅棱碗，人们称它们为"碧碗"，也叫作"造羹"。菜蔬精细，叫作"造齑"，每碗十文钱。面与肉各半，叫作"合羹"，还有一种半份的叫单羹。过去人们吃饭只用汤匙，而如今都改用筷子了。还有卖插肉、拨刀、炒羊、细物料棋子和馄饨的店铺，以及专做素食的饭馆，就像寺院的斋饭一样。还有卖菜面、胡蝶齑疙瘩，以及卖随饭、荷包白饭、旋切细料馉饳儿、瓜齑、萝卜等的店铺。

肉行

　　坊巷桥市，皆有肉案，列三五人操刀，生熟肉从便索唤，阔切片批、细抹顿刀之类①。至晚即有燠曝熟食上市。凡买物不上数钱得者是数。

　　【注释】①片批：切肉的一种刀法。刀略倾斜，切之使肉成片状。

　　【译文】京城里大街小巷、桥头集市，都有卖肉的摊子，三五个人拿着刀站在肉案前。生肉、熟肉随意购买，可以按照顾客的需要，把肉阔切片批，或是细抹顿刀等等。到了晚上，还有燠曝熟食拿出来卖。但凡是来买肉的都不用先付钱，切下来看值多少再付钱。

饼店

凡饼店，有油饼店，有胡饼店^①。若油饼店，即卖蒸饼、糖饼、装合、引盘之类^②。胡饼店即卖门油、菊花、宽焦、侧厚、油碢、髓饼、新样、满麻^③。每案用三五人捍剂卓花入炉^④。自五更卓案之声，远近相闻。唯武成王庙前海州张家、皇建院前郑家最盛，每家有五十余炉。

【注释】①胡饼：上撒胡麻的烧饼。因来自胡地，故称。

②蒸饼：用蒸的方式烹调的面食。如包子、馒头等。装合：盒装的饼。合，盒子。引盘：盛于盘子里的饼。

③宽焦：亦称"宽焦薄脆"。一种又薄又脆的油炸食物。犹今之薄脆。油碢：油煎大饼。

④剂：把面团切成同样大小的块。卓花：给切出的面块捏出花边。

【译文】京城里的饼店分为油饼店和胡饼店。如果是油饼店，那就卖蒸饼、糖饼，以及装在盒子里或是盛于盘子里的饼之类的。如果是胡饼店，那就卖门油、菊花、宽焦、侧厚、油碢、髓饼、新样、满麻等。每个面案上有三到五个人，有人负责捍剂，有人专做卓花，然后送入烤炉。从五更开始，桌案的声音就响起来了，远近四邻都能听到。只有武成王庙前海州张家和皇建院前郑家的烧饼店生意最为兴隆，这两家每家都有五十多个烧炉。

鱼行

卖生鱼则用浅抱桶①,以柳叶间串清水中浸,或循街出卖。每日早惟新郑门、西水门、万胜门,如此生鱼有数千檐入门。冬月即黄河诸远处客鱼来②,谓之"车鱼",每斤不上一百文。

【注释】①生鱼:指活鱼。

②客鱼:非京城本地出产的鱼。

【译文】卖活鱼的人是用浅抱桶,把鱼穿在柳枝上泡在清水里,有时沿街叫卖。每天早晨只是新郑门、西水门、万胜门,就有几千担像这样的活鱼进入城门。到了冬季,就有从黄河运进京城里来贩卖的活鱼,人们称它们为"车鱼",每斤的价格到不了一百文。

卷之五

民俗

凡百所卖饮食之人，装鲜净盘合器皿，车檐动使^①，奇巧可爱，食味和羹^②，不敢草略。其卖药卖卦，皆具冠带。至于乞丐者，亦有规格。稍似懈怠，众所不容。其士农工商，诸行百户，衣装各有本色，不敢越外。谓如香铺裹香人^③，即顶帽披背，质库掌事^④，即着皂衫角带、不顶帽之类^⑤。街市行人，便认得是何色目^⑥。加之人情高谊，若见外方之人，为都人凌欺，众必救护之。或见军铺收领到斗争公事^⑦，横身劝救，有陪酒食檐，官方救之者，亦无惮也。或有从外新来邻左居住，则相借措动使，献遗汤茶，指引买卖之类。更有提茶瓶之人^⑧，每日邻里互相支茶，相问动静。凡百吉凶之家，人皆盈门。其正酒店户，见脚店三两次打酒^⑨，便敢借与三五百两银器。以至贫下人家，就店呼酒，亦用银器供送。有连夜饮者，次日取之。诸妓馆只就店呼酒而已，银器供送，亦复如是。其阔略大量⑩，天下无之也。以其人烟浩穰⑪，添十数万众不加多，减之不觉少。所谓花阵酒池，香山药海。别有幽坊小巷，燕馆歌楼，举之万数，不欲繁碎。

【注释】①车檐：车载肩挑。檐，通"担"。动使：日常应用的器具。

②和羹：配以不同调味品而制成的羹汤。

③裹香人：指为买香的顾客包好所买东西的店员。

④质库：将钱借给典押物品的人，以收取利息的店铺。也称为"当铺"。

⑤皂衫：黑色短袖单衣。角带：以角为饰的腰带。宋时下级官吏及庶民服饰。

⑥色目：身份地位。

⑦军铺：古军用驿站之一种。

⑧提茶瓶之人：指在茶坊拿茶壶为客人提供茶水服务并且兼做传递消息等工作的人员。

⑨脚店：供人临时歇脚的小客店。

⑩阔略：指宽恕，宽容。

⑪浩穰：繁多盛大。形容人口众多。

【译文】但凡是在各处卖饭食的人，都是用新的洁净的盘盒来装食物的。推车载的肩上挑的也都是些新奇精巧、讨人喜欢的物件。吃食以及调配的汤羹，也不敢马虎随便。那些卖药的和算卦的也都戴帽子束腰带。甚至乞讨要饭的人也都有一定的规矩。稍有松懈懒惰，其他人是不会允许的。那些士农工商、各行各业的人们，他们的穿着各有规矩，不能越出常规。比方在香铺里的裹香人，必须戴着顶帽、穿着披背；当铺里的掌事，必须穿着黑色上衣、围上角带，但不可以戴帽子。街上的路人，从他们的穿着可以马上认出他们的身份和职业。再加上京城的人看重情谊，如果看见外乡人被京都人欺凌，众人一定会救助保护他。如果发生了值班禁军接到打架斗殴的事件，就会有京都人挺身劝说或救助。有的京都人为了让官方做主解救，甚至肯花钱陪着酒食，也丝毫不怕麻烦。如果有外乡人刚搬来京都居住，左邻右舍会把自己家里的东西拿出来借给他用，还会给他端茶送水，指点他该做什么买卖等等。还有一种提茶壶的人，每天在邻里之间互相送上茶水，帮助打探消息。凡是有人办喜事或办丧事，那么邻里都会来他家帮忙。当大饭馆的掌柜看到供人临时歇脚的小客店到他的饭馆打了两三次酒，就敢借给他价值三五百两的银酒器用。以至于平民百姓到大饭馆来，向店家要酒食，店家也会用银制酒器装好送去。有那些要整夜喝酒的人家，店家第二天再派人去取。即便是各个妓院只需向店家要酒食就行，也照样会用银器装酒送去。这样宽容大度的经营方式，别的地方真是少见。因为京都人多地大，即使再添加十几万人，也不会觉得拥挤，即使少了十几万人，也不会觉得宽松。这就是所说的花阵酒池、香山药海了。另外，还能在幽静的小街小巷，找到酒楼歌舍，数也数不清，这里就不逐个介绍了。

京瓦伎艺

崇、观以来①，在京瓦肆伎艺②，张延叟、孟子书主张。小唱李师师、徐婆惜、封宜奴、孙三四等③，诚其角者。嘌唱弟子张七七、王京奴、左小四、安娘、毛团等④。教坊减罢并温习。张翠盖、张成、弟子薛子大、薛子小、俏枝儿、杨总惜、周寿、奴称心等。般杂剧⑤，杖头傀儡任小三⑥，每日五更头回小杂剧，差晚看不及矣。悬丝傀儡张金线、李外宁⑦。药发傀儡张臻妙、温奴哥、真个强、没勃脐、小掉刀⑧，筋骨、上索、杂手伎，浑身眼。李宗正、张哥，球杖、踢弄。孙宽、孙十五、曾无党、高恕、李孝详，讲史⑨。李慥、杨中立、张十一、徐明、赵世亨、贾九，小说⑩。王颜喜、盖中宝、刘名广，散乐⑪。张真奴，舞旋⑫。杨望京，小儿相扑⑬。杂剧、掉刀、蛮牌董十五、赵七、曹保义、朱婆儿、没困驼、风僧哥、俎六姐⑭。影戏丁仪⑮，瘦吉等弄乔影戏。刘百禽弄虫蚁、孔三传耍秀才诸宫调、毛详、霍伯丑商谜⑯。吴八儿合生⑰。张山人说诨话。刘乔、河北子、帛遂、胡牛儿、达眼五重明、乔骆驼儿、李敦等杂班外入⑱。孙三神鬼，霍四究说三分⑲，尹常卖五代史，文八娘叫果子⑳，其余不可胜数。不以风雨寒暑，诸棚看人，日日如是。教坊，钧容直㉑，每遇旬休按乐，亦许人观看。每遇内宴，前一月，教坊内勾集弟子小儿，习队舞作乐㉒，杂剧节次。

【注释】①崇、观：宋徽宗年号崇宁、大观的并称。
②伎艺：指有技艺的人。
③小唱：在酒宴前唱小曲者，或者清唱，或者用管乐伴奏。李师师：北宋汴京名妓，深受宋徽宗喜爱。

④嘌（piāo）唱：宋代演唱时曲中加字拉腔的唱法。

⑤般杂剧：进行杂剧演出。

⑥杖头傀儡：即"杖头木偶"，以木棍举托操纵木偶、做出各种造型动作的一种木偶戏。

⑦悬丝傀儡：一种以绳或线操作的傀儡，用于演出傀儡戏。

⑧药发傀儡：宋代特有的木偶戏，利用火药引发的傀儡表演。

⑨讲史：宋、元间"说话"四科之一。讲说历代兴亡和战争故事的长篇平话。

⑩小说：宋代特有的一种评书，其讲说内容是当时世俗传奇故事。

⑪散乐：指民间音乐，也指民间艺人。

⑫舞旋：古代一种回旋的舞蹈。

⑬相扑：角力。二人以力技扑倒对方的游戏。类似现今的摔跤。

⑭掉刀：一种刀。刀首两刃，上阔下窄，长柄，与普通刀不同。蛮牌：用南方产的粗藤做的盾牌。

⑮影戏：以纸张或皮革制成人物的剪影，借灯光投影在布幕上来表演故事的戏剧。

⑯诸宫调：一种古词曲。敷演故事，略如弹词，盛于宋、金间，属于说唱文学。因由许多宫调不同的曲牌所连缀成篇，故称。商谜：一种用猜谜斗智的方式来取悦观众的杂技。

⑰合生：亦作"合笙"。宋代说书的一个流派。艺人当场指物赋诗，也称唱题目。

⑱杂班：即杂剧表演的散段。

⑲三分：指三国史话。

⑳叫果子：宋代京城中伎艺表演的一种，大致是模仿市井小贩的叫卖声，拖长声音进行演唱并配有音乐。

㉑钧容直：军乐。

㉒队舞：宋代的宫廷舞。分小儿队和女弟子队两大类。

【译文】宋徽宗崇宁、大观年之后，在京城的瓦肆里表演伎艺的主要有：张延叟主讲《孟子书》。小唱名角有李师师、徐婆惜、封宜奴、孙三四等人。表演嘌唱的弟子中，最有名的有张七七、王京奴、左小四、安娘、毛团等人。教坊减罢及温习中最有名的有张翠盖、张成及其弟子薛子大、薛子小、俏枝儿、杨总惜、周寿、奴称心等人。进行杂剧演出，表演杖头傀儡的有任小三，每天五更就开始表演小杂剧，如果去晚点就看不了了。表演悬丝傀儡的有张金线、李外宁。表演药发傀儡的有张臻妙、温奴哥、真个强、没勃脐、小掉刀等人。筋骨、上索、杂手伎等表演有浑身眼。表演球杖踢弄的有李宗正、张哥。讲史的有孙宽、孙十五、曾无党、高恕、李孝详。讲小说的有李慥、杨中立、张十一、徐明、赵世亨、贾九。散乐演唱的有王颜喜、盖中宝、刘名广。跳回旋舞蹈的有张真奴。表演小儿相扑的有杨望京。表演杂剧、掉刀、蛮牌的有董十五、赵七、曹保义、朱婆儿、没困驼、风僧哥、俎六姐。表演影戏的有丁仪，瘦吉等人表演乔影戏。刘百禽表演弄虫蚁，孔三传表演秀才诸宫调，毛详、霍百丑说商谜。吴八儿表演合生。张山人说诨话。刘乔、河北子、帛遂、胡牛儿、达眼五重明、乔骆驼儿、李敦等人表演杂班。孙三扮演神鬼，霍四究讲说三国史话，尹常卖讲说"五代史"，文八娘表演叫果子，其他的伎艺数也数不过来。不论是刮风下雨，还是严寒酷暑，各个看棚都挤满了人，每天都如此。教坊和钧容直，每次遇到旬休日出外奏乐，也容许外人观看。

碰到宫廷宴会，宴会前一个月，教坊就会组织弟子小儿排练队舞、制定乐曲，逐一排演杂剧。

娶妇

凡娶媳妇，先起草帖子①，两家允许，然后起细帖子②，序三代名讳，议亲人有服亲田产、官职之类。次檐许口酒③，以络盛酒瓶，装以大花八朵、罗绢生色或银胜八枚④，又以花红缴檐上，谓之缴檐红与女家。女家以淡水两瓶，活鱼三五个，箸一双，悉送在元酒瓶内，谓之"回鱼箸"。或下小定、大定⑤，或相媳妇与不相。若相媳妇，即男家亲人或婆往女家看中，即以钗子插冠中，谓之"插钗子"；或不入意，即留一两端彩段，与之压惊，则此亲不谐矣。其媒人有数等，上等戴盖头⑥，着紫背子⑦，说官亲宫院恩泽。中等戴冠子，黄包髻⑧，背子，或只系裙，手把青凉伞儿，皆两人同行。下定了，即旦望媒人传语。遇节序，即以节物、头面、羊酒之类追女家⑨，随家丰俭。女家多回巧作之类⑩。次下财礼，次报成结日子。次过大礼，先一日，或是日早，下催妆冠帔花粉⑪，女家回公裳、花幞头之类。前一日，女家先来挂帐，铺设房卧，谓之"铺房"。女家亲人有茶酒利市之类⑫。至迎娶日，儿家以车子，或花檐子发迎客，引至女家门，女家管待迎客，与之彩段，作乐催妆上车，檐从人未肯起，炒咬利市⑬，谓之"起檐子"，与了然后行。迎客先回至儿家门，从人及儿家人乞觅利市钱物花红等，谓之"栏门"。新妇下车子，有阴阳人执斗⑭，内盛谷豆钱果草节等，咒祝望门而撒，小儿辈争拾之，谓之"撒谷豆"，俗云厌青羊等杀神也。新人下车檐，踏青布条或毡席，不得踏地，一人捧镜倒行，引新人跨鞍蓦草及秤上过，入门于一室内，当中悬帐，谓之"坐虚帐"；或只径入房中，坐于床上，亦谓之"坐富贵"。其送女客急三盏而退，谓之"走送"，众客就筵三杯之后，婿具公裳，花胜簇面⑮，于中堂升一榻，上置椅子，谓之"高坐"，先媒氏请，次姨氏或妗氏请，各斟一杯饮之；次丈母请，方下坐。新人门额，用彩一段，碎裂其下，横抹挂之，婿入房即众争扯小片而去，谓之"利市缴门红"。婿于床前请新妇出，二家各出彩段绾一同心，谓之"牵巾"，男挂于笏，女搭于手，男倒行出，面皆相向，至家庙前参拜毕，女复倒行，扶入房讲拜，男女各争先后，对拜毕就床，女向左，男向右坐，妇女以金钱彩果散掷，谓之"撒帐"。男左女右，留少头发，二家出疋段、钗子、木梳、头须之类⑯，谓之"合髻"。然后用两盏以彩结连之，互饮一盏，谓之"交杯酒"。饮讫，掷盏并花冠子于床下，盏一仰一合，俗云"大吉"，则众喜贺，然后掩帐讫。宫院中即亲随人⑰抱女婿去，已下人家即行出房，参谢诸亲，复就坐饮酒。散后次日五更，用一卓盛镜台镜子于其上，望上展拜⑱，谓之"新妇拜堂"，次拜尊长亲戚，各有彩段、巧作、鞋、枕等为献，谓之"赏贺"。尊长则复换一疋回之，谓之"答贺"。婿往参妇家，谓之"拜门"。有力能趣办，次日即往，谓之"复面拜门"，不然三日、七日皆可，赏贺亦如女家之礼。酒散，女家具鼓吹从物迎婿还家。三日,女家送彩段油蜜蒸饼,谓之"蜜和油蒸饼"。其女家来作会,谓之"煖女^⑲"。七日则取女归,盛送彩段头面与之,谓之"洗头"。一月则大会相庆,谓之"满月"。自此以后,礼数简矣。

【注释】①草帖子:指内容较简约的庚帖。

②细帖子:内容详尽的庚帖。

③檐:通"担"。许口:答应成为亲家。

④生色:颜色鲜亮。银胜:古时妇女所戴头饰。一种剪银箔为人形的彩花。

⑤小定:也叫"过小帖",实际上是"文定",其意义在于约束双方恪守婚约。大定:又称"过大礼",也就是古代的"纳徵"(或叫"纳币")之仪,实际上是男方向女方送彩礼,仪式规模仅次于迎娶。

⑥盖头:女子结婚时蒙在头上遮住脸的红巾。

⑦背子:一种对襟的长上衣,其长过膝但衣上无任何纽扣。男、女均可着。

⑧包髻:古代妇女发式。其形发髻作成后,用色绢、缯一类布帛,把髻包裹之,故名。

⑨节物:应节的物品。头面:妇女头上的装饰物。

⑩巧作:缝纫、刺绣等女红的精制品。

⑪催妆:旧俗新妇出嫁,必多次催促,始梳妆启行。花粉:花子和涂脸粉。花子,用极薄的金属片或彩纸剪成小花朵形状,贴在脸颊、额上。

⑫利市:节日、喜庆所赏的喜钱。

⑬炒咬:叫嚷。

⑭阴阳人：旧时专门替人占卜、看风水、择日等的人。

⑮花胜：古代妇女剪纸或绢作花形为饰，系于花枝上，或插于妇女发髻上的装饰品。

⑯疋段：泛指丝织品。疋：同"匹"，计算布帛类纺织品的单位。头须：扎在发髻上类似穗子的装饰品。

⑰亲随人：贴身随从人员。

⑱展拜：叩首，行跪拜之礼。

⑲煖女：古代民俗。谓女嫁三日后，娘家送食至婿家以温慰之。

【译文】但凡是娶媳妇的人家，要先写一份草帖子，两家都同意了以后，然后再写一份细帖子，细帖子里写明男方三代人的姓名以及定亲人的身份、田产、官衔等等。接着男方要派人向女方家担许口酒，用网兜装着酒瓶，再装饰八朵大花、颜色鲜亮的罗绢，或者是八枚银胜，还把花红缠绕在担子上，人们称它为"缴檐红"，送到女方家里。女方家把两瓶淡水、三五条活鱼、一双筷子都放在男方之前送来的酒瓶里作为回礼，人们称它为"回鱼箸"。之后或是商议下小定、大定的时间，或是要不要相看一下新媳妇。如果要相看新媳妇，男方家就会派出一位亲人或者未来的婆婆到女方家去看。要是看中了，就会在新媳妇的帽子上插上一支钗子，这就叫"插钗子"；要是不满意，就会给女方家留下一两块彩缎，为女方压惊，表示这门亲事不合适。做媒人的有好几等，上等的媒人头上戴着盖头，身穿紫背子，专门为达官贵人家或者皇亲国戚家说亲。中等的媒人头戴帽子，用黄布包髻，身穿背子，或者只系裙子，手里拿着一把青凉伞儿。这些人出门做媒都是两人结伴同行。只要男方家向女方家下了定，那么天天都需要靠媒人在两家之间传话。遇到节日，男方家就要准备应节的礼物、头面以及羊酒等送到女方家，礼物的多少随男方家的财力而定。女方家大多是回送一些自己做的女红。接着男方家向女方家下财礼，然后提出成婚的日期。再接着过大礼，在前一天或是当天早上，男方家就会派人到女方家"催妆"，同时给新娘子送上冠帔、花粉，对此女方家回送公服、花幞头等。在婚期的前一天，女方家会派人先来男方家挂帐子，布置卧房，这叫"铺房"。男方家应当送上茶酒、喜钱等招待女方来人。到了迎娶那天，男方家用车子或花轿子出发迎新娘，来到女方家门前。女方家负责招待迎客，送给他们彩缎，奏乐催妆，迎新娘上车子或者花轿。但是车夫或者抬花轿的人却不愿意动身，叫嚷着要喜钱，这叫"起檐子"，只有把喜钱给了他们，他们才肯出发。迎亲的人先回到男方家的大门口，跟随的人和男方家的亲属都忙着要喜钱、花红等等，这叫"栏门"。新娘子下了车子之后，就有阴阳先生拿着一只斗子，斗子里装着谷子、黄豆、铜钱、水果、草节等，一边祝祷祈福，一边向门前抛洒这些东西，小孩们都争着抢，这叫"撒谷豆"，民间认为这样可以镇住青羊等杀神。当新娘下了轿子，只能踩在青布条或毡席上，不能踩到外面。这时会有一个人，手拿镜子，面向新娘，倒退着行走，引领新娘跨过马鞍、草垫以及秤，进门之后再到一个屋里。屋中悬挂了一个帐子，让新娘坐在帐子里，这叫"坐虚帐"。或者让新娘进入房中坐在床上，也叫"坐富贵"。送嫁的人每人急忙喝下三杯酒就告辞，这叫"走送"。诸位来贺喜的客人就座，酒过三杯之后，新郎身穿公服，头戴花胜，在中堂登上一张木榻，榻上放着一把椅子，这叫"高坐"。先是媒人过来请新郎下座，然后姨娘或妗子过来请新郎下座，各自倒了一杯酒让他喝；再然后丈母娘请新女婿下座，新郎这才肯坐下。新房的门楣上边，横挂着一块下边撕裂的彩布，等到新郎进入新房后，众人就争着撕扯彩布扯下一小块就离开了，这叫"利市缴门红"。新女婿走到床前，请新娘出来，两家各拿出一块彩缎，绾一个"同心结"，这叫"牵巾"。新郎把这同心结挂在笏板上，新娘则把同心结放在手上，新郎倒着从新房里退出来，新郎和新娘面对面，走到家庙前参拜完祖先后，再由新娘倒退着出来，让人扶回新房行拜见礼。新郎新娘先后对拜完了之后，两人就坐在床上，新娘面向左、新郎面向右而坐，妇女们向床上抛撒钱币和彩果，这叫"撒帐"。男左女右，各自留出少许头发，两家拿出缎带、钗子、木梳、头须等，把他们的头发系在一起，这叫"合髻"。然后拿出两个酒杯，并用彩结连在一起，二人各饮一杯，这叫"交杯酒"。喝完酒后，把两个酒杯和花冠子全都扔到床底下，如果酒杯扔进去是一仰一扣的，按照风俗就被视为"大吉"，众人就会赶紧过来贺喜，然后才掩上帐子。如果新郎是皇亲国戚，那么就由贴身随从把新郎抱走；如果新郎是普通百姓，那么就应该立即从新房里出来，向厅堂里的各位亲朋好友道谢，之后仍归座喝酒。宴席结束以后，第二天五更时，摆出一张桌子，把镜台、镜子放在上面，在桌前行跪拜之礼，这叫"新妇拜堂"。然后拜谢尊长和亲戚，分别向他们献上彩缎、巧作、鞋、枕等礼物，这叫"赏贺"。长辈们则另换一匹彩缎回送，这叫"答贺"。新女婿去岳父、岳母家，这叫"拜门"。有能力能马上办好的，第二天就会去岳父、岳母家，这叫"复面拜门"，否则第三天、第七天去也都可以，送过去的礼物也和女方家送来的礼物一样。在岳父家的宴席结束了以后，岳父母备好鼓乐和礼物送新女婿回家。婚后第三天，娘家送来彩缎、油蜜、蒸饼，这叫"蜜和油蒸饼"。娘家到女婿家来参加聚会，这叫"暖女"。婚后第七天，派人来接新妇回娘家，同时送来彩缎和头饰给新妇，这叫"洗头"。婚后一个月，两家举办一次大聚会庆贺，这叫"满月"。从此之后，礼节、规矩就少了。

育子

凡孕妇入月于初一日^①，父母家以银盆或镜或彩画盆^②，盛粟秆一束，上以锦绣或生色帕复盖之，上插花朵及通草帖罗五男二女花样^③，用盘合装送馒头，谓之"分痛"。并作眠羊、卧鹿、羊生，果实取其眠卧之义。并牙儿衣物绷籍等^④，谓之"催生"。就蓐分娩讫^⑤，人争送粟米炭醋之类。三日落脐、灸囟^⑥，七日谓之"一腊"。至满月则生色及绷绣钱^⑦，贵富家金银犀玉为之，并果子，大展"洗儿会^⑧"。亲宾盛集，煎香汤于盆中，下果子、彩钱、葱蒜等，用数丈彩绕之，名曰"围盆"；以钗子搅水，谓之"搅盆"。观者各撒钱于水中，谓之"添盆"。盆中枣子直立者，妇人争取食之，以为生男之征。浴儿毕，落胎发，遍谢坐客。抱牙儿入他人房，谓之"移窠"。生子百日置会，谓之"百晬^⑨"。至来岁生日，谓之"周晬^⑩"，罗列盘盏于地，盛果木、饮食、官诰、笔砚、算秤等，经卷、针线，应用之物，观其所先拈者，以为征兆，谓之"试晬"。此小儿之盛礼也。

【注释】①入月：妇女孕期足月。

②镜：这里指金属盆。

③通草：即通脱树，其树皮可以充纸用。

④绷：婴儿的包被。

⑤就蓐：临蓐，分娩。

⑥灸囟（xìn）：用艾火灸初生婴儿的颅囟，同时也灸脐下，以促其头缝闭合。

⑦绷绣钱：用绷绣的绣法在帛、缎上绣出金钱的图案。绷绣，一种刺绣的绣法。

⑧洗儿会：旧俗，婴儿生后三日或满月时亲朋会集庆贺，给婴儿洗身。

⑨百晬：小儿出生满一百天所举行的宴会。

⑩周晬：小儿周岁时所举行的宴会。

【译文】凡是孕妇在初一那天足月的，她的父母会用银盆子，或者金属盆或者彩画盆，装上一小束粟秆，并在上面盖上一块锦绣或者彩色帕子，上面插着花朵、通脱树皮，以及粘贴五男二女花样。还要把馒头装在盘盒中送去，这叫"分痛"。并且做眠羊、卧鹿、羊生等，实际取其眠卧的意思。娘家还会送来婴儿的衣物、包被等，这叫"催生"。生产过后，亲戚朋友争相送来小米、木炭、醋等物品。婴儿出生后的第三天要褪掉脐带并灸囟门，满七日叫"一腊"。到了婴儿满月用色彩鲜亮的衣料和绷绣做成的金钱，富贵人家用金银或犀牛角、美玉为礼品，放上一些水果，盛大地举办"洗儿会"。亲朋好友都来参加，在盆中放上洗澡水，水里放进水果、钱币、葱蒜等，并用几丈长的彩带围住盆子，这叫"围盆"。再用钗子搅动盆里的水，这叫"搅盆"。围观的人各自把铜钱撒在水里，这叫"添盆"。如果盆中撒进的枣子是直立着的，那么妇女们就会争相取出来吃，这样的枣子被认为是生男婴的征兆。婴儿洗完澡，剃掉胎发，孩子的父母向在场的客人一一道谢。之后把婴儿抱到别人的房间，这叫"移窠"。婴儿出生后的百日，还会举办庆祝会，这叫"百晬"。到来年的生日，叫作"周晬"。当天在地上摆上盘碗，里面装着水果、食物、饮料、官诰、笔砚、算秤等，还把经卷、针线等日常用品装在里面让孩子随便挑选，观察他先拿到什么，以此来判断他长大以后的志向，这叫"试晬"。这些是对小孩的盛大典礼。

卷之六

正月

正月一日年节，开封府放关扑三日①。士庶自早互相庆贺，坊巷以食物、动使、果实、柴炭之类，歌叫关扑。如马行、潘楼街、州东宋门外、州西梁门外踊路、州北封丘门外及州南一带，皆结彩棚，铺陈冠梳、珠翠、头面、衣着、花朵、领抹、靴鞋、玩好之类②，间列舞场歌馆，车马交驰。向晚，贵家妇女，纵赏关赌③，入场观看，入市店饮宴，惯习成风，不相笑讶。至寒食冬至三日亦如此。小民虽贫者，亦须新洁衣服，把酒相酬尔。

【注释】①关扑：用赌博的方式来买卖物品。

②领抹：领系之类服饰。

③关赌：即关扑。

【译文】正月初一是年节，开封府开放关扑三日，不加管束。士人和普通百姓从早上开始就相互庆贺，街头巷尾都有人用食物、日常用品、水果、木炭等拿来当赌注，叫唤着关扑。像马行街、潘楼街、州东宋门外、州西梁门外踊路、州北封丘门外及州南一带，都搭起彩棚，摆设冠梳、珠翠、头面、衣着、花朵、领抹、靴鞋、玩赏等物件。舞场和歌馆也排列其间，车水马龙，络绎不绝。到了晚上，就连高门大族之家的妇女也都出来，纵情观赏关扑，或者入场观看，或者到街市饭馆里进餐，这些习惯早已成为潮流，不会互相惊讶讪笑。到了寒食和冬至，开封府也同样开放关扑三天。平民百姓虽然贫穷，也一定会穿上全新洁净的衣服，喝酒庆贺。

元旦朝会

正旦大朝会，车驾坐大庆殿①，有介胄长大人四人立于殿角②，谓之“镇殿将军”。诸国使人入贺殿庭，列法驾仪仗③，百官皆冠冕朝服，诸路举人、解首亦士服立班④，其服二梁冠、白袍青缘⑤。诸州进奏吏，各执方物入献。诸国使人，大辽大使顶金冠，后檐尖长，如大莲叶，服紫窄袍，金蹀躞⑥；副使展裹金带⑦，如汉服。大使拜则立左足，跪右足，以两手着右肩为一拜。副使拜如汉仪。夏国使、副皆金冠短小样制，服绯窄袍，金蹀躞，吊敦⑧背，又手展拜。高丽与南番交州使人并如汉仪。回纥皆长髯高鼻⑨，以疋帛缠头，散披其服。于阗皆小金花毡笠⑩，金丝战袍束带，并妻男同来，乘骆驼，毡兜铜铎入贡⑪。三佛齐皆瘦瘠缠头⑫，绯衣上织成佛面。又有南蛮五姓番，皆椎髻乌毡⑬，并如僧人礼拜，入见旋赐汉装锦袄之类。更有真腊、大理、大食等国^⑭，有时来朝贡。其大辽使人在都亭驿，夏国在都亭西驿^⑮，高丽在梁门外安州巷同文馆^⑯，回纥、于阗在礼宾院^⑰，诸番国在瞻云馆或怀远驿^⑱。唯大辽、高丽就馆赐宴。大辽使人朝见讫，翌日诣大相国寺烧香。次日，诣南御苑射弓，朝廷旋选能射武臣伴射，就彼赐宴，三节人皆与焉^⑲。先列招箭班十余于垛子前^⑳，使人多用弩子射，一裹无脚小幞头子、锦袄子辽人，踏开弩子，舞旋搭箭，过与使人，彼窥得端正，止令使人发牙。例本朝伴射用弓箭中的，则赐闹装银鞍马^㉑，衣着、金银器物有差。伴射得捷，京师市井儿遮路争献口号，观者如堵。翌日，人使朝辞。朝退，内前灯山已上彩，其速如神。

【注释】①大庆殿：北宋皇宫中的正殿。

②介胄：披甲戴盔。

③法驾：天子车驾的一种。天子的卤簿分大驾、法驾、小驾三种，其仪卫之繁简各有不同。

④解首：指解元。立班：指古代官员上朝时依品秩站立。

⑤梁冠：有横脊的礼冠。原为古代帝王大臣所用的冠帽。始于秦汉，后历代沿用。梁数越多则官阶越高。

⑥蹀躞（dié xiè）：衣带上的饰物，多用金玉制成。

⑦展裹：辽金职官公服名。

⑧吊敦：一种袜与裤相连的服装，但也不完全连袜，而是在裤筒下缝有套带，穿时将套带蹬于足心。

⑨回纥：我国少数民族之一。初与突厥为兄弟民族，后又从属于突厥。南北朝时，为敕勒部落之一，至唐代叛离突厥后，始称为"回纥"，后又改称为"回鹘"。

⑩于阗：古西域国名，在今新疆和田一带。

⑪铜铎：摇奏体鸣乐器。常系于牲口颈部，也悬挂于庙、塔的檐角之上，风吹即发声，俗称风铃，也用于军队仪仗队中敲击。

⑫三佛齐：三佛齐王国。即室利佛逝，简称佛逝。印度尼西亚苏门答腊地区的一个古国。

⑬椎髻：将头发结成椎形的髻。乌毡：黑色的毡帽。

⑭真腊：国名。约在今柬埔寨民主国，国都为吴哥城。历代与中国通商，交流频繁。汉代称为"扶南"，唐代始称为"真腊"。大理：古国，在今云南境内。大食：国名。即阿拉伯帝国，回教教祖穆罕默德所创建。

⑮都亭西驿：宋官署名。属鸿胪寺。掌款侍回鹘、吐蕃、党项、女真等族贡奉使节及贸易事项。

⑯同文馆：宋朝专门负责高丽王朝交往事宜的官衙。

⑰礼宾院：宋官署名。属鸿胪寺。掌回鹘、吐蕃、党项、女真等族朝贡款待及互市翻译等事。

⑱瞻云馆：处于宜秋门外。专门负责接待外国使臣。怀远驿：宋官署名。属鸿胪寺。掌交州、龟兹、占城、大食、注辇、于阗、甘州、沙州、宗歌等地贡奉与通使事项。

⑲三节人：也称"三节人从"，宋代（包括夏、辽、金）出国使节的随员。

⑳招箭班：由招募来的善弓箭者组成的一个单位，原称为"东西

班承旨",从属于"东西班弩手龙旗直"。

㉑闹装：用金银珠宝等杂缀而成的腰带或鞍、辔之类饰物。

【译文】正月初一举行大朝会，皇上端坐在大庆殿上，在大殿的四个角落各有一位披着铠甲、戴着头盔的武士，称为"镇殿将军"。各国的使臣进殿拜贺。大殿中排列着天子的车驾和仪仗，文武百官都戴着官帽、穿着朝服。全国各路的举人、解首也穿着士服，依品秩站立，他们头戴二梁冠，身穿镶着青边的白袍。各州入殿奏报，各自进献当地土产。各国使臣逐一觐见。大辽国的使臣头戴金冠，后檐又尖又长，看似一片大莲花叶子。他身穿紫色窄袍，腰带金蹀躞；他的副使身穿展裹，腰间围着金带，有些像汉人服饰。大使臣在朝拜的时候左脚直立、右腿下跪，以两手碰到右肩为一拜。他的副使行拜礼就按汉人礼节。西夏国的使臣和副使也都头戴短小样式的金冠，穿着红色窄袍子，腰带金蹀躞，身穿吊敦，都交叉双手行跪拜之礼。高丽和南番交州使臣行拜礼都按汉人礼节。回纥使臣都是长胡须、高鼻子，用长布帛包住头发，披散着外衣。于阗使臣一律头戴小金花毡制笠帽，身穿镶有金丝的战袍，腰间系带，与妻子和儿子一起来朝拜。他们骑着骆驼，驮着毡兜、铜铎前来进贡。三佛齐王国的使臣个个身材瘦削，头上缠着锦帛，穿的红衣上绣有佛像。还有南蛮五姓番的使臣，都是把头发梳成椎形的髻，头戴黑色毡帽，像僧人拜佛那样行拜礼，朝见后被皇上赏赐汉服锦袄等。除此之外，还有真腊、大理、大食等国的使臣，有时候也会入朝进贡。大辽国使臣被安排在都亭驿，西夏国使臣被安排在都亭西驿，高丽国使臣被安排在梁门外安州巷同文馆，回纥、于阗使臣被安排在礼宾院，其他番国使臣被安排在瞻云馆或是怀远驿。只有大辽国和高丽使臣在馆内由朝廷设宴招待。大辽国使臣在入殿朝见完毕后，第二天赴大相国寺烧香。烧香后的第二天，去南御苑射箭打猎，朝廷会临时选出擅长射箭的武臣作陪，就在南御苑设宴招待，跟随使臣出国的陪同人员都会被邀赴宴。在垛子前先排列好十多个招箭班的兵士，使臣大多拿弩来射箭。其中一个头戴无脚小幞头、身穿锦袄的辽国人，用脚踢开弩，转了几圈，将箭搭在弩上，并将弓箭瞄准之后交给使臣，使臣只用发动牙机即可。射中，依照常例给他一份奖赏。朝廷派去的陪射武臣如果有用弓箭射中的，那么会赐给闹装、银鞍马，服装样式、金银器物之类有不同区别。凡是陪射武臣获得胜利，京都大街小巷夹道欢迎，争先恐后献上口号，围观的人多得像一堵墙一样。第二天，各国使臣就陆续入朝辞行。退朝之后，皇宫前面的灯山已经张灯结彩，竟然如此神速！

立春

立春前一日，开封府进春牛①，入禁中鞭春②。开封、祥符两县，置春牛于府前。至日绝早，府僚打春，如方州仪。府前左右百姓卖小春牛，往往花装栏坐，上列百戏人物③，春幡雪柳④，各相献遗。春日，宰执、亲王、百官，皆赐金银幡胜⑤。入贺讫，戴归私第。

【注释】①春牛：也称为"土牛""泥牛"。立春前一日，用土、芦苇或纸作成的牛，称为"春牛"。官府打春牛迎春，以催耕迎春，祈求丰收。

②鞭春：立春前一日，各地州县官府鞭打春牛迎春，以祈求丰收。

③百戏：泛指各种杂技的表演。

④春幡：春旗。旧俗于立春日或挂春幡于树梢，或剪缯绢成小幡，连缀簪之于首，以示迎春之意。雪柳：用绢花装成的花枝，为宋时元宵节妇女头饰之一。

⑤幡胜：即彩胜。用金银箔罗彩制成，为欢庆春日来临，用作装饰或馈赠之物。

【译文】立春的前一天，开封府就把"春牛"送入禁中准备鞭打迎春，以祈求丰收。开封、祥符两县，把"春牛"放在县衙门前。到了立春那天一大早，县衙里的僚属就都来这里打春了，就像开封府的仪式那样。县衙门前左右聚集着百姓售卖小春牛，牛一般都用花来装饰，坐在牛栏里，上面排列着杂技表演中的人物像。人们相互赠送迎接春天用的春旗和用绢花装成的花枝。立春这一天，皇上会赏赐给宰相、亲王、百官一些金箔或银箔制成的彩胜。他们入朝庆贺结束后，戴着这些彩胜回到自己家。

元宵

正月十五日元宵，大内前自岁前冬至后，开封府绞［结］缚山棚，立木正对宣德楼，游人已集御街，两廊下奇术异能，歌舞百戏，鳞鳞相切，乐声嘈杂十余里，击丸、蹴鞠、踏索、上竿、赵野人倒吃冷淘、张九哥吞铁剑、李外宁药法傀儡、小健儿吐五色水、旋烧泥丸子、大特落灰药榾柮儿杂剧、温大头、小曹嵇琴、党千箫管、孙四烧炼药方、王十二作剧术、邹遇、田地广杂扮、苏十、孟宣筑球、尹常卖五代史、刘百禽虫蚁、杨文秀鼓笛①。更有猴呈百戏、鱼跳刀门、使唤蜂蝶、追呼蝼蚁。其余卖药、卖卦、沙书地谜②，奇巧百端，日新耳目。至正月七日，人使朝辞出门，灯山上彩，金碧相射，锦绣交辉。面北悉以彩结山沓，上皆画神仙故事，或坊市卖药、卖卦之人。横列三门，各有彩结、金书大牌，中曰"都门道"，左右曰"左右禁卫之门"，上有大牌曰"宣和与民同乐"。彩山左右以彩结文殊、普贤③，跨狮子、白象，各于手指出水五道，其手摇动。用辘轳绞水上灯山尖高处，用木柜贮之，逐时放下，如瀑布状。又于左右门上，各以草把缚成戏龙之状，用青幕遮笼，草上密置灯烛数万盏，望之蜿蜒如双龙飞走。自灯山至宣德门楼横大街，约百余丈，用棘刺围绕，谓之"棘盆"，内设两长竿，高数十丈，以缯彩结束，纸糊百戏人物，悬于竿上，风动宛若飞仙。内设乐棚④，差衙前乐人作乐杂戏，并左右军百戏在其中，驾坐一时呈拽⑤。宣德楼上皆垂黄缘帘，中一位乃御座。用黄罗设一彩棚，御龙直⑥执黄盖掌扇，列于帘外。两朵楼各挂灯球一枚，约方圆丈余，内燃椽烛。帘内亦作乐。宫嫔嬉笑之声，下闻于外。楼下用枋木垒成露台⑦一所，彩结栏槛，两边皆禁卫排立，锦袍幞头簪赐花，执骨朵子⑧。面此乐棚、教坊、钧容直、露台弟子，更互杂剧。近门亦有内等子班直排立⑨。万姓皆在露台下观看，乐人时引万姓山呼⑩。

【注释】①击丸：古时的一种杂技表演。亦指这种杂技的表演者。蹴踘：一种古代踢球游戏，类似现今的踢足球。走索。杂技的一种，演员在悬空的绳索上来回走动，并表演各种动作。又称踏绳。踏索：走索。杂技的一种，演员在悬空的绳索上来回走动，并表演各种动作。又称踏绳。上竿：古代杂技名，似今之爬竿。冷淘：过水面及凉面一类食品。榾柮（gǔ duò）：木头，可当炭用。嵇琴：古琴的一种。相传为嵇康所创制。杂扮：宋代流行的一种小戏。以剧情简单，逗人嬉笑著称。一般为杂剧之散段。筑球：古代以杖击或以足踢球。

②沙书：一种技艺表演。其法，用手撮细沙或石粉挥洒成字。能表现出一定的风格、工力者为佳。地谜：因"改字"而生发出来的一种语文游戏。

③文殊：佛教菩萨名。文殊师利或曼殊室利的省称，为释迦牟尼佛的左胁侍。传其说法道场为山西省五台山。普贤：佛教的四大菩萨之一。为释迦牟尼佛的右胁侍。其塑像多骑白象，与左胁侍文殊骑狮子相对。其道场为四川峨眉山。

④乐棚：古时艺人表演歌舞、戏剧的棚帐。

⑤呈拽：安置，安排。

⑥御龙直：宋禁军番号名，为皇城五重禁卫的最后一重。宋朝皇帝最亲近这扈从禁军步军诸直中有族御马直，北宋太宗太平兴国二年（977年）改称族御龙直，后改御龙直。

⑦露台：露天高台，也指露天戏台、舞台。

⑧骨朵子：像长棍一样的古代兵器，用铁或硬木制成，顶端瓜形。

⑨内等子：皇宫中的禁卫。班直：宋代御前当值的禁卫军。分行门班、殿前左班、殿前右班、内殿直班、金枪班、银枪班、弓箭班等二十四班，总称诸班直。

⑩山呼：对皇帝的祝颂仪式，叩头高呼"万岁"三次。

【译文】正月十五元宵节，从年前冬至以后在皇宫前面，开封府就开始搭造如山状的彩棚，立下的大木桩恰好正对宣德楼，游人早就聚集在御街上了。两侧的走廊上到处是那些表演奇术异能的和歌舞百戏的人，一场接着一场，乐声、歌声、喧闹声，在十几里外都能听见，有击丸、蹴鞠、踏索、上竿、赵野人倒吃冷淘、张九哥吞铁剑、李外宁表演药法傀儡、小健儿吐五色水、旋烧泥丸子、大特落灰药榝柚儿杂剧、温大头、小曹弹嵇琴、党千吹箫管、孙四烧炼药方、王十二作剧术、邹遏、田地广表演杂扮、苏十、孟宣表演筑球、尹常卖说"五代史"、刘百禽表演弄虫蚁、杨文秀奏鼓笛。还有猴呈百戏、鱼跳刀门、使唤蜂蝶、追呼蝼蚁等表演。再有卖药的、卖卦的、在沙地写谜语的，各种各样新奇巧妙，让人每天都有不同的新鲜感。到了正月初七，各国的使臣入朝叩辞后出了京都，灯山上都点亮了彩灯，金光灿烂，交相映射，锦花绣结与灯光互相衬托。面朝北的全是用缤纷的五彩锦缎来堆迭如山，上面都画着神仙故事，或者是画着大街小巷中卖药、占卜的那些人。平行排列三道门，每道门都挂着有彩结、金书的大招牌，居中写着"都门道"，左右写着"左右禁卫之门"，上面大的牌匾上写着"宣和与民同乐"。在彩山的左侧和右侧分别是用彩缎色绢做成的文殊菩萨和普贤菩萨，他们分别骑着狮子和白象，各自从手指上喷出五道水柱，并摇晃着手。还用辘轳把水拉到灯山的最高处，贮存在木柜中，按时放一次水，水就像瀑布一样往下流。又在左右的两道门上，各自用草扎成戏龙的样子，并用青幕布遮盖，草上密密麻麻放着几万盏灯，远远望去，弯弯曲曲地就像是两条龙在飞舞。从灯山到宣德门楼的横大街，大约是一百来丈远，用棘刺包围起来，被人们叫作"棘盆"，里面立了两根长竿，高约几十丈，装饰着彩色缯帛，并在竿上悬挂着各式各样纸糊的百戏人物，风一吹就像是飞舞着的仙子。棘盆里还搭设了乐棚，在衙门里当差的乐工奏乐并表演杂戏，左右禁军中的百戏也在里面演出，皇帝御座很快就被安排好了。宣德楼上各处挂着黄边的垂帘，中间摆放的那个座位就是皇帝的御座了。周围是用黄罗搭造的彩棚，御龙直手拿黄盖的掌扇，排列在垂帘外面。两个朵楼上各挂一枚灯球，大致方圆一丈多，里面点的蜡烛像椽一样大。垂帘内也在奏乐。宫妃说笑声，在城楼之外都能听到。在宣德楼下，有用枋木搭成的一个露天戏台，四周的栏杆都是用彩结装饰的，两边排列站立着禁卫军，穿着锦袍，戴着幞头，幞头上插着皇上赏赐给他们的绢花，手拿骨朵子。面向乐棚、教坊司、军乐队和演出的艺人，他们变换着杂剧曲目。靠近宣德门也有内等子、班直排列站立在那里。平民百姓都聚集在露台下观看演出，演出的艺人还时不时地引导台下观众们高呼万岁。

十四日车驾幸五岳观

正月十四日，车驾幸五岳观迎祥池，有对御（谓赐群臣宴也）。至晚还内。围子、亲从官①，皆顶球头大帽，簪花，红锦团答戏狮子衫，金镀天王腰带，数重骨朵。天武官皆顶双卷脚幞头，紫上大搭天鹅结带、宽衫。殿前班顶两脚屈曲向后花装幞头②，着绯青紫三色撚金线结带，望仙花袍，跨弓剑乘马，一扎鞍辔③，缨绯前导④。御龙直一脚指天、一脚圈曲幞头，着红方胜锦袄子⑤，看带、束带，执御从物，如金交椅、唾盂、水罐、果垒、掌扇、缨绯之类。御椅子皆黄罗珠蹙，背座则亲从官执之。诸班直皆幞头、锦袄、束带，每常驾出，有红纱帖金烛笼二百对，元宵加以琉璃玉柱掌扇灯。快行家各执红纱珠络灯笼⑥。驾将至，则围子数重外，有一人捧月样兀子⑦，锦覆于马上。天武官十余人，簇拥扶策，喝曰："看驾头⑧！"次有吏部小使臣百余⑨，皆公裳，执珠络球杖，乘马听唤。近侍余官皆服紫绯绿公服，三衙太尉、知閤、御带罗列前导⑩。两边皆内等子，选诸军膂力者，着锦袄顶帽，握拳顾望，有高声者，捶之流血。教坊、钧容直乐部前引，驾后诸班直马队作乐，驾后围子外，左则宰执侍从，右则亲王、宗室、南班官⑪。驾近则列横门，十余人击鞭，驾后有曲柄小红绣伞，亦殿侍执之于马上⑫。驾入灯山，御辇院人员辇前喝"随竿媚来"⑬，御辇团转一遭，倒行观灯山，谓之"鹁鸽旋"，又谓之"踏五花儿"，则辇官有喝赐矣。驾登宣德楼，游人奔赴露台下。

【注释】①围子：帝王巡幸时的仪卫。亲从官：指皇帝的贴身近侍。

②殿前班：殿前司下属班值的统称，负责大内安全等。

③鞍辔（ān pèi）：骑马的用具。或指驾驭牲口用的嚼子和缰绳。

④缨绋：冠带与印带。

⑤方胜：指形状像由两个菱形部分重叠相连而成的一种首饰。后借指这种形状。

⑥珠络：缀珠而成的网络。头饰之一种。

⑦兀子：即杌子。一种方形而没有靠背的小凳子。

⑧驾头：帝王出行时仪仗队中的宝座。

⑨小使臣：宋代宫廷下级内侍官员的统称，常充当内廷侍役和三省六部监门官等职。

⑩三衙太尉：三衙，指宋代以殿前司、侍卫亲军马军司、侍卫亲军步军司掌领禁军，谓之"三衙"。其长官称太尉。知閤：知合门事的省称。宋代阁门司主管官员，掌朝会、游幸、宴享赞相礼仪等事。御带：官名。宋朝初年，选三班使臣以上亲信武臣佩橐、御剑，为皇帝护卫，称御带，或以宦官充任。

⑪南班官：皇帝身边的近侍，一般都是皇家宗族子弟担任。

⑫殿侍：古代官名。北宋置，为无品武阶官，位在三班借差下、大将上。徽宗政和后，改名下班只应。

⑬御辇院：宋官署名。掌供夺皇帝步辇及宫廷车乘。

【译文】正月十四，圣驾临幸五岳观迎祥池，赐宴，与群臣共饮。直到晚上才摆驾回宫。皇上的仪卫和亲从官们个个都头戴球头大帽，插花，身穿红锦团答戏狮子衫，腰间系着镀金天王腰带，扛着几重骨朵。随行的天武官都头顶双卷脚幞头，穿着紫色大披肩天鹅结带、宽衫。殿前班们则头顶两脚屈曲向后花装幞头，身穿红、青、紫三种颜色捻金线结带望仙花袍，腰间挂着弓剑，骑着马，马匹的鞍辔也是同一式样的。他们手持印绶在最前面开道。御龙直头戴一脚指天、一脚圈曲的幞头，身穿红色方胜图案的锦袄，腰上束着宽带，手捧皇上日常随身用具，诸如金交椅、唾盂、水罐、果垒、掌伞、印绶等。皇上坐的椅子是用黄罗缎做的椅背靠垫，上面绣着珍珠，由亲从官用手捧着。各班直都是头戴幞头，身穿锦袄，腰间束带，平常随御驾出行必有二百对红纱贴金烛笼在前面开道，元宵节又额外增加琉璃玉柱掌扇灯。奔走传达命令的吏役们各自拿着红纱珠络灯笼。在御驾快要到来时，仪卫们一道道排开，另有一个人手捧月牙形状的矮凳子，用锦缎包裹着，放在马背上。十几名天武官紧紧卫护着御驾，他们大声吆喝道："看驾头！"接着有一百多名吏部小使臣，都穿着官服，手拿珠络球杖，骑在马上等候命令。近侍以及其他官员都穿着紫、红、绿三色官服，三衙太尉、知阁和御带排列在前面开道。两侧尽是皇宫禁卫，是由各军中孔武有力的人担任，身穿锦袄，戴着帽子，双手握拳，向四周观望。有哪个百姓敢大声喧哗，皇宫禁卫便会揍他，甚至会打得头破血流。教坊司和军乐队的乐部在前面引导，圣驾后边有各班直骑马奏乐。圣驾后仪卫的外侧，左边是宰相和侍从们，右边是亲王、宗室、南班官。等到圣驾越来越靠近，横列在门前的十几个人击鞭鸣响，御驾后立着一顶曲柄小红绣伞，也是由骑在马上的殿侍举着。御驾进入灯山后，御辇院的人员在辇前大声吆喝"随竿媚来"，御辇绕着转一圈，倒退着观看灯山，这叫"鹁鸽旋"，又叫"踏五花儿，辇官会因为在辇前大声吆喝而得到皇上赏赐。看完了灯山，御驾登上宣德楼，游人们奔向露台下面。

十五日驾诣上清宫

十五日，诣上清宫，亦有对御，至晚回内。

【译文】正月十五，皇上驾临上清宫，也赐宴，与群臣共饮，到了晚上才回到宫内。

十六日

十六日，车驾不出，自进早膳讫，登门，乐作卷帘，御座临轩宣万姓。先到门下者，犹得瞻见天表，小帽红袍独卓子①。左右近侍，帘外伞扇执事之人，须臾下帘则乐作，纵万姓游赏。两朵楼相对：左楼相对郓王②，以次彩棚幕次；右楼相对蔡太师③，以次执政戚里幕次④。时复自楼上有金凤飞下诸幕次，宣赐不辍。诸幕次中家妓，竞奏新声，与山棚露台上下，乐声鼎沸。西朵楼下，开封尹弹压⑤，幕次罗列，罪人满前，时复决遣，以警愚民。楼上时传口敕，特令放罪。于是华灯宝炬，月色花光，霏雾融融，动烛远近。至三鼓，楼上以小红纱灯球，缘索而至半空，都人皆知车驾还内矣。须臾闻楼外击鞭之声，则山楼上下灯烛数十万盏，一时灭矣。于是贵家车马，自内前鳞切，悉南去游相国寺，寺之大殿前设乐棚，诸军作乐，两廊有诗牌灯云："天碧银河欲下来，月华如水照楼台"，并"火树银花合，星桥铁锁开"之诗。其灯以木牌为之，雕镂成字，以纱绢幂之，于内密燃其灯，相次排定，亦可爱赏。资圣阁前安顿佛牙⑥，设以水灯，皆系宰执、戚里、贵近占设看位。最要闹九子母殿，及东西塔院，惠林、智海、宝梵，竞陈灯烛，光彩争华，直至达旦。其余宫观寺院，皆放万姓烧香。如开宝、景德、大佛寺等处，皆有乐棚，作乐燃灯。惟禁宫观寺院，不设灯烛矣。次则葆真宫，有玉柱玉帘窗隔灯。诸坊巷，马行诸香药铺席、茶坊、酒肆，灯烛各出新奇。就中莲华王家香铺灯火出群，而又命僧道场打花钹、弄椎鼓⑦，游人无不驻足。诸门皆有官中乐棚。万街千巷，尽皆繁盛浩闹。每一坊巷口，无乐棚去处，多设小影戏棚子，以防本坊游人小儿相失，以引聚之。殿前班在禁中右掖门里，则相对右掖门设一乐棚，放本班家口登皇城观看。官中有宣赐茶酒、妆粉钱之类。诸营班院，于法不得夜游，各以竹竿出灯球于半空，远近高低，若飞星然。阡陌纵横，城阖⑧不禁。别有深坊小巷，绣额珠帘，巧制新妆，竞夸华丽，春情荡飏，酒兴融怡，雅会幽欢，寸阴可惜，景色浩闹，不觉更阑。宝骑骎骎，香轮辘辘，五陵年少⑨，满路行歌，万户千门，笙簧未彻。市人卖玉梅、夜蛾、蜂儿、雪柳、菩提叶、科头圆子、拍头焦䭔⑩。唯焦䭔以竹架子出青伞上，装缀梅红缕金小灯笼子，架子前后亦设灯笼，敲鼓应拍，团团转走，谓之"打旋罗"，街巷处处有之。至十九日收灯，五夜城阖不禁，尝有旨展日。宣和年间，自十二月于酸枣门（二名景龙）门上，如宣德门，元夜点照，门下亦置露台，南至宝箓宫，两边关扑买卖。

晨晖门外设看位一所，前以荆棘围绕，周回约五七十步，都下卖
鹌鹑骨飿儿、圆子䭔、拍白肠、水晶鲙、科头细粉、旋炒栗子、
银杏、盐豉汤、鸡段、金橘、橄榄、龙眼、荔枝诸般市合，团团密
摆，准备御前索唤。以至尊有时在看位内，门司、御药、知省、
太尉⑪，悉在帘前，用三五人弟子祗应。籸盆照耀⑫，有同白日。
仕女观者，中贵邀住，劝酒一金杯令退。直至上元⑬，谓之"预
赏"。惟周待诏瓠羹贡余者，一百二十文足一个，其精细果别如
市店十文者。

【注释】①卓子：即桌子。

②郓王：即宋徽宗第三子赵楷，被封为郓王。

③蔡太师：即蔡京，字元长，北宋宰相、书法家。先后四次任宰
相，任期达17年，四起四落堪称古今第一人。

④戚里：帝王外戚聚居的地方，也指皇帝的外戚。

⑤弹压：镇压，制服。

⑥佛牙：指释迦牟尼火化后遗留下来的牙齿，佛教徒视为珍宝。

⑦椎鼓：即佛事活动中僧人敲击的花棒鼓。

⑧城闉(yīn)：城内重门。亦泛指城郭。

⑨五陵年少：指京都富豪子弟。

⑩焦䭔：指糖油果子。

⑪御药：官名，掌禁中医药并兼管礼文。

⑫籸盆：旧俗于除夕祭祀先祖及百神时，架立松柴，举火焚烧以
送神，称为"籸盆"。

⑬上元：俗以农历正月十五日为上元节，也叫元宵节。

【译文】正月十六，御驾不出皇宫，吃了早餐之后，皇上登上宣德门楼，开始奏乐，卷起帘子，皇上的宝座放在窗前，向百姓宣告同享欢乐。先赶到宣德门楼下的百姓，还能远望天子的仪容。皇上带着小帽，穿着红袍，有一张桌子摆放在他面前。身旁站着近侍，有几个拿伞、摇扇等服侍的人站在帘子的外面。过了一会儿，放下帘子音乐响起，让百姓尽情游玩观赏。宣德楼左右两边的朵楼遥遥相对：左边的朵楼对着郓王以及比他地位低的那些皇族亲贵的彩棚帐幕；右边的朵楼对着蔡太师以及在他官位以下的执政大臣和国戚家的帐幕。不时又从宣德楼上飞出金凤鸟，落到各家的帐幕前，皇上的赏赐连续不断。各帐幕中主人蓄养的歌妓，相互比赛演奏新作的乐曲，同山棚、露台上下的歌舞声和喧闹声相互交错。西边朵楼下，开封府尹带兵镇压，在那里维持彩棚帐幕的秩序，罪犯被拉来排列在百姓面前，时不时做出审判发落，以此来警醒愚昧无知之人。楼上也不时传来皇上口谕，下令赦罪开释。这时，到处是华灯、宝炬，加上满月的光辉和花草的光彩，飘拂的云雾朦朦胧胧，动烛之光照亮远近。到了三更天，宣德楼上把小红纱灯球沿着绳索升至半空，这样京都人都知道圣驾已经回宫了。不一会儿，听到宣德楼外响起挥动静鞭的声音，接着山棚和城楼从上到下的几十万盏灯烛瞬间全部熄灭了。于是那些高门大族之家的车马，从大内门前紧密排列如鱼鳞，全部掉转头朝南去游相国寺。相国寺的正殿前搭建了一个乐棚，各军乐队在那里奏乐，两边长廊分别挂有诗牌灯，上面写着："天碧银河欲下来，月华如水照楼台"，以及"火树银花合，星桥铁锁开"的诗句。诗牌灯是用木牌制成，字刻在上面，用纱绢罩在上面，从里面点燃灯烛，依次排列，也很是令人喜爱和欣赏了。佛牙被陈放在资圣阁前面，安排了水灯，都是宰执、外戚以及达官显贵预先留好的看席。最热闹的地方要属九子母殿以及东西塔院，惠林、智海、宝梵等院，争相陈列灯烛，光彩耀眼，直到天快亮了。其他道观佛寺，也都允许百姓去烧香。像开宝、景德、大佛寺等地方，都搭建了乐棚，奏乐并点燃灯烛。只有皇宫内的道观、佛寺，不摆设灯烛。其次是葆真宫，摆设有玉柱玉帘窗隔开灯光。各坊巷，如马行街上的各香药铺席、茶坊、酒肆等，灯烛争奇斗艳。最为出众的要属莲花王家香铺的灯火了，这家香铺又请来和尚道士打花钹、弄椎鼓，游人们都停下脚步观看。京城的各个城门都有官家设的乐棚。各街各巷都热闹非凡。每一坊巷口，没有设置乐棚的，大多就搭建了小影戏棚子，以此来防止本坊的游人小孩走丢，把他们吸引到这里。殿前班在皇宫内的右掖门里，在右掖门的正对面搭建了一个乐棚，准许殿前班的家眷登上皇城观灯。长官也给这些家眷赏赐一些茶酒、妆粉钱之类。按规定，各营班院不允许夜晚上街游玩，所以他们就各自用竹竿把灯球挑到半空中，远近高低，像流星一样飞动。京城里的街道交错纵横，城内重门不关闭。另外还有深坊小巷，门额上挂着珠帘，挖空心思打扮，相互攀比夸耀华丽。人们个个都神采飞扬，欢天喜地，乘着酒兴，融洽和乐。风雅的集会，情人的幽欢，时间极其宝贵。节日的景色繁华且喧闹，不知不觉已更深夜残。街上马儿飞奔，车轮滚动，那些富家子弟还在边走边唱。千家万户，乐音不停。街上的小贩卖玉梅、夜蛾、蜂儿、雪柳、菩提叶、科头圆子、拍头焦䭔等。只有焦䭔是放在青伞上的竹架子上，点缀着梅红色缕金的小灯笼，架子前后也放有灯笼，敲鼓打拍，围绕竹架子转圈，这叫"打旋罗"，大街小巷到处都有。一直到正月十九收灯，这五天城门不关闭，以前还有下圣旨延长灯会的情况。宣和年间,从十二月开始在酸枣门(又名景龙门)上,像宣德门那样,在元宵节晚上点燃灯火,宣德门也搭建露台,往南到宝箓宫,大街两侧都是关扑的摊子。晨晖门外搭造一所御座看台,看台前用荆棘围了起来,周长大约是五十到七十步。京都中卖鹌鹑骨饳儿、圆子馓、拍白肠、水晶鲙、科头细粉、旋炒栗子、银杏、盐豉汤、鸡段、金橘、橄榄、龙眼、荔枝等吃食,层层严实摆放,准备着皇家人来索唤。因为皇上有时就在看台上,门司、御药、知省、太尉等人全都在帘子前面站立,有三五个弟子等待召唤。粈盆照耀亮的像白天一样。有些官宦人家的妇女前来观赏,宦官邀请她们停住喝一金杯酒才让她们离开。欢庆的活动一直到元宵节,叫"预赏"。只有周待诏卖的瓠羹,除了作为皇宫贡品之外,剩余的瓠羹卖到一个一百二十文钱,精细程度果然和普通店铺里卖十文钱一份的有很大区别。

收灯都人出城探春

收灯毕,都人争先出城探春。州南则玉津园外,学方池亭榭、玉仙观、转龙湾。西去一丈佛园子、王太尉园,奉圣寺前孟景初园,四里桥望牛冈、剑客庙。自转龙湾东去,陈州门外,园馆尤多。州东宋门外快活林、勃脐陂、独乐冈、砚台、蜘蛛楼、麦家园、虹桥、王家园。曹、宋门之间,东御苑、乾明崇夏尼寺。州北李驸马园①,州西新郑门大路,直过金明池西道者院,院前皆妓馆。以西宴宾楼,有亭榭、曲折池塘、秋千画舫,酒客税小舟,帐设游赏。相对祥祺观,直至板桥,有集贤楼、莲花楼,乃之官河东、陕西五路之别馆，寻常钱送置酒于此。过板桥，有下松园、王太宰园、杏花冈。金明池角，南去水虎翼巷，水磨下蔡太师园。南洗马桥西巷内，华严尼寺、王小姑酒店。北金水河两浙尼寺、巴娄寺、养种园，四时花木，繁盛可观。南去药梁园、童太师园②。南去铁佛寺、鸿福寺、东西柏榆村。州北模天坡、角桥，至仓王庙、十八寿圣尼寺、孟四翁酒店。州西北元有庶人园，有创台、流杯亭榭数处，放人春赏。大抵都城左近，皆是园圃，百里之内，并无闲地。次第春容满野，暖律暄晴，万花争出粉墙，细柳斜笼绮陌。香轮缓辗，芳草如茵，骏骑骄嘶，杏花如绣，莺啼芳树，燕舞晴空。红妆按乐于宝榭层楼，白面行歌近画桥流水③。举目则秋千巧笑，触处则蹴鞠疏狂。寻芳选胜，花絮时坠金樽；折翠簪红，蜂蝶暗随归骑。于是相继清明节矣。

【注释】①李驸马：应为李玮，李用和之子，尚仁宗长女衮国公主，官驸马都尉，官至建武军节度使。

②童太师：即童贯，字道夫，开封人，北宋权宦，"六贼"之一，性巧媚。与蔡京勾结，把持朝政，握兵权近二十年，权倾一时。最后被钦宗处死。

③白面：眉清目秀的年轻男子。

【译文】灯会结束以后，京都人争先出城去早春郊游。城南去的地方除了玉津园之外，还有学方池亭榭、玉仙观、转龙湾。向西走可以到达一丈佛园子、王太尉园、奉圣寺前的孟景初园、四里桥望牛冈、剑客庙。从转龙湾向东走到陈州门外，看到的园馆就更多了。城东宋门外有快活林、勃脐陂、独乐冈、砚台、蜘蛛楼、麦家园、虹桥、王家园。曹和宋两门之间有东御苑、乾明崇夏尼寺。城北有李驸马园，城西从新郑门大路，可以直接到达金明池西侧的道者院，道者院前画都是妓院。向西走就是宴宾楼，那儿有亭阁台榭、曲折池塘、秋千画舫，宴宾楼喝酒吃饭的客人可以租条小船，挂上帐子游玩观赏。宴宾楼正对面是祥祺观，直通板桥，有集贤楼、莲花楼，是往河东、陕西那五路去上任新官们的客馆，平时在这里为远行的人设酒送别。过了板桥，有下松园、王太宰园、杏花冈。从金明池角往南到水虎翼巷，水磨以下是蔡太师园。华严尼寺、王小姑酒店都在南洗马桥西巷内。北金水河有两浙尼寺、巴娄寺、养种园，四季花木繁多茂盛，值得一看。向南走就到了药梁园和童太师园。继续往南走到了铁佛寺、鸿福寺、东西柏榆村。城北有模天坡、角桥，可以去仓王庙、十八寿圣尼寺、孟四翁酒店。城西北原先有个庶人园，那里有创台以及几处流杯亭榭，允许百姓游赏春色。都城周围大部分是种植果木菜蔬的田地，方圆百里之内并没有空闲的土地。紧接着春意逐渐蔓延整个大地，温暖的节候，晴好的阳光，万花争着从粉墙里露出来，柳树的枝条向四周舒展着。大街上马车的轮子缓缓滚动，芳草像铺垫在地上一样，宝马长嘶，杏花像绣在了枝头上，黄鹂在花木上啼叫，燕子在晴空中飞舞。美女在宝榭层楼上抚琴，清秀英俊的年轻男子对着画桥流水纵情歌唱。一抬头，就会看见俊俏的女子在秋千上欢笑，到处有男儿在无拘无束地蹴踘。游赏美景，寻游名胜之地，飞扬的柳絮飘落到酒杯中；折下翠柳，插上几朵红花，蜂蝶暗随归骑。于是迎来了清明节。

卷之七

清明节

清明节，寻常京师以冬至后一百五日为大寒食[①]。前一日谓之"炊熟"，用面造枣𬳟、飞燕，柳条串之，插于门楣，谓之"子推燕"[②]。子女及笄者[③]，多以是日上头。寒食第三日，即清明节矣。凡新坟皆用此日拜扫。都城人出郊。禁中前半月，发宫人、车马朝陵，宗室、南班、近亲，亦分遣诣诸陵坟享祀，从人皆紫衫，白绢三角子、青行缠[④]，皆系官给。节日，亦禁中出车马，诣奉先寺、道者院，祀诸宫人坟，莫非金装绀幰[⑤]，锦额珠帘，绣扇双遮，纱笼前导。士庶阗塞，诸门纸马铺，皆于当街，用纸衮叠成楼阁之状。四野如市，往往就芳树之下，或园囿之间，罗列杯盘，互相劝酬。都城之歌儿舞女，遍满园亭，抵暮而归。各携枣𬳟、炊饼、黄胖、掉刀、名花、异果、山亭、戏具、鸭卵、鸡雏[⑥]，谓之"门外土仪"。轿子即以杨柳、杂花装簇顶上，四垂遮映。

自此三日，皆出城上坟，但一百五日最盛。节日，坊市卖稠饧、麦糕、乳酪、乳饼之类⑦。缓入都门，斜阳御柳，醉归院落，明月梨花。诸军禁卫，各成队伍，跨马作乐四出，谓之"摔脚"。其旗旄鲜明，军容雄壮，人马精锐，又别为一景也。

【注释】①大寒食：即寒食节，每年冬至后一百零五日，约在清明节前一、二日。晋文公时为求介之推出仕而焚林，之推抱木而死，全国哀悼，于是乃定是日禁火寒食。

②子推燕：清明节放在门前的一种食品，为了纪念春秋时晋国的介子推而取为此名。

③及笄：笄，发簪。古代女子年满十五岁而束发加笄，表示成年。后世遂称女子适婚年龄为"及笄"。

④行缠：裹足布，绑腿布。古时男女都用。后惟兵士或远行者用。

⑤绀幰（gàn xiǎn）：天青色车幔。

⑥黄胖：泥制的胖娃娃。山亭：泥制风景建筑人物等小玩具的统称。戏具：游戏用具。

⑦稠饧（chóu xíng）：一种厚的饴糖。

【译义】清明节，在京都里通常把冬至后的第一百零五天定为大寒食。大寒食的前一天叫"炊熟"，家家都用面团做成枣锢、飞燕，并用柳条串起来，挂在门楣上，被人们叫作"子推燕"。有女儿及笄的家庭，也会在这一天加笄。寒食后的第三天，就是清明节了。但凡是新坟都会在清明这一天去扫墓，京都人去郊外祭拜。在清明前的半个月里，皇宫里就派宫人乘车马拜扫皇陵，皇家宗室以及南班的那些近亲子弟也被派遣到各个陵墓祭祀。他们的随从一律身穿紫衫，头戴白绢三角子，腿上绑着青色布，都是由官府供给的。在清明节的当天，也是皇宫中派出车马，到奉先寺、道者院，祭拜已逝宫人的坟墓。宫中派出的车子都是金碧辉煌，装有天青色的车幔，锦绣做的匾额，挂着珠帘，一对绣扇交叉遮掩着车厢，纱笼开道。不管是做官的还是普通百姓堵塞在城门口，各城门边卖纸人、纸马等祭祀用品的店铺当街把纸折叠成楼阁的形状。郊外到了清明节就像是在集市里，人们在大树底下，或者园林之间，摆放着杯盘，相互劝酒。京都里的歌姬舞女，遍布在各园亭中，到了晚上才回城，各自带着枣䴺、炊饼、黄胖小土偶、小孩玩的掉刀、好看的花草、罕见的水果、泥制的风景建筑、游戏用具、鸭蛋、小鸡等，他们把这些东西叫作"门外土仪"。回城时的轿顶插满了杨柳和野花，向四面垂下，遮住了窗门。从这天开始连续三天，都是出城上坟的人，但第一百零五天的时候人是最多的。节日期间，街头巷尾卖稠饧、麦糕、乳酪、乳饼等吃食。慢慢走进城门，天边的落日映照着御街两旁的垂柳，带着醉意迈进家门，明亮的月光照在院中的梨树上。禁军各自成队，乘马奏乐到处巡逻，这种出巡叫作"摔脚"。他们的旗帜鲜亮，军容雄壮，士卒和马匹都很有精神，在街上又另外是一道风景。

三月一日开金明池、琼林苑

三月一日，州西顺天门外，开金明池、琼林苑①，每日教习车驾上池仪范。虽禁从，士庶许纵赏，御史台有榜不得弹劾。池在顺天门外街北，周围约九里三十步，池面直径七里许。入池门内南岸西去百余步，有面北临水殿，车驾临幸，观争标、锡宴于此。往日旋以彩幄，政和间用土木工造成矣。又西去数百步乃仙桥，南北约数百步，桥面三虹，朱漆阑楯，下排雁柱②，中央隆起，谓之"骆驼虹"，若飞虹之状。桥尽处，五殿正在池之中心，四岸石甃向背③，大殿中坐，各设御幄，朱漆明金龙床，河间云水戏龙屏风，不禁游人。殿上下回廊，皆关扑钱物、饮食、伎艺人作场、勾肆④，罗列左右。桥上两边，用瓦盆内掷头钱⑤，关扑钱物、衣服、动使。游人还往，荷盖相望。桥之南立棂星门⑥，门里对立彩楼。每争标作乐，列妓女于其上。门相对街南有砖石甃砌高台，上有楼观，广百丈许，曰宝津楼。前至池门，阔百余丈，下阚仙桥、水殿，车驾临幸，观骑射、百戏于此。池之东岸，临水近墙皆垂杨，两边皆彩棚幕次，临水假赁，观看争标。街东皆酒食店舍，博易场户，艺人勾肆、质库⑦，不以几日解下，只至闭池，便典没出卖。北去直至池后门，乃汴河西水门也。其池之西岸，亦无屋宇，但垂杨蘸水，烟草铺堤，游人稀少，多垂钓之士，必于池苑所买牌子⑧，方许捕鱼。游人得鱼，倍其价买之。临水斫脍⑨，以荐芳樽，乃一时佳味也。习水教罢⑩，系小龙船干此。池岸正北对五殿，起大屋，盛大龙船，谓之"奥屋"。车驾临幸，往往取二十日。诸禁卫班直簪花、披锦绣、捻金线衫袍、金带勒帛之类⑪，结束竞呈鲜新。出内府金枪，宝装弓剑，龙凤绣旗，红缨锦辔，万骑争驰，铎声震地。

【注释】①金明池：池名。池在宋京开封西郑门西北。周围约九里。琼林苑：地名。位于河南省封县西门外，宋干德二年所置，新科进士均在此接受皇帝的赐宴。

②雁柱：古筝架弦的桥，形似雁之行列，故称为"雁柱"。

③石甃（zhòu）：石砌的井壁。

④勾肆：古代伎人俳优的卖艺场所。

⑤头钱：赌博中抽头得到的钱，也指用作赌具的铜钱。

⑥棂星门：指旧时学宫孔庙的外门。原名灵星门。灵星即天田星。宋仁宗置灵星门祭天，后移用于孔庙，因门形如窗棂，乃改称为"棂星门"。

⑦质库：将钱借给典押物品的人，以收取利息的店铺。

⑧池苑所：金明池及琼林苑的管理机构。

⑨斫脍：薄切鱼片。

⑩习水教：水军水战的教练或演戏。

⑪勒帛：丝织腰带。

【译文】农历三月初一，在城西顺天门外，金明池和琼林苑开放，每日教导讲习当御驾临幸金明池时应遵循的礼仪和规范。虽然属于皇家禁地，但是也允许士人和普通百姓来赏玩，御史台张贴榜文不得弹劾来这里赏玩的官员。金明池在顺天门外大街的北侧，方圆大约九里三十步，池面直径约七里。走进金明池大门沿着南岸往西走一百多步，有面北而建的临水殿，御驾临幸金明池，在这里观看比赛争标、赐宴。过去这里是用彩色的帐幕围起来的，到了政和年间才用土木工建造完成。又往西走几百步便是仙桥，南北长几百步，桥面是由三个虹桥组成，栏杆都漆成了红色，下面排列着雁柱，中间的虹桥隆起，被称为"骆驼虹"，就像飞入半空的一道彩虹。桥的尽头，有五座大殿正好在金明池的中心点上，四边的岸壁全用石头砌成，两两相对，大殿中的座位分别用皇上专用的帐幕围了起来，摆放有漆成大红色的明金龙床和镂有河间云水戏龙图案的屏风，并不禁止游人来观赏。大殿的上下回廊里到处是赌钱物、卖吃食的摊子以及供艺人表演的卖艺场所，依次排列在左右。在仙桥上的两侧，人们用瓦盆掷头钱来赌钱币、衣物、日常器具。游人在桥上来来往往，一路望过去尽是车盖。棂星门立在桥的南头，门内相对立着两座彩楼。每一场比赛需要奏乐时，演奏的歌妓排列在彩楼上。正对着棂星门的那条街的南侧有一座高台子是由砖石砌起的，台上建有楼观，宽约一百丈，名叫"宝津楼"。这座楼向前可到金明池的大门，宽度达到一百多丈。从楼上可以望见仙桥、水殿，圣驾临幸时，在这里观看骑射比赛和百戏演出。金明池的东岸，临水靠墙的地方都有垂柳，东岸的两边搭满了彩棚和帐幕，在临近水面的地方可以租借，用来观看争标比赛。大街东侧都是酒食店铺、关扑赌博的摊子、艺人演出的勾栏、当铺等等，典当的物品不论约定的当期是多长，只要一到金明池闭池的时间，所有的当品就要全部卖出去。向北走直通金明池的后门，那是汴河的西水门了。在金明池的西岸，也没有房舍，但是垂柳轻抚水面，芳草铺堤，游人稀少，只能见到一些垂钓之人。钓鱼的人必须先向池苑所购买牌子，才允许来这里钓鱼。当游人钓到鱼之后，往往要高出市价一倍来买下钓上来的鱼，然后拿到池水边洗净烹饪，并配上美酒，那才是难得的美味。等到金明池里的水军水战演习结束之后，就会有几艘小龙船在这里停泊。金明池岸的北边正对着五座大殿，并建起大房子来存放大龙船，被人们称为"奥屋"。圣驾一般在三月二十日临幸金明池。在那一天，所有的禁军班直士兵都头戴簪花、身披锦绣以及捻金线衫袍、腰束金带勒帛等，像比赛那样炫耀新服装。手拿内府的金枪，佩戴用珠宝加以装饰的弓剑，举着绣有龙凤的大旗，骑着用红缨锦辔装饰的骏马。万马竞相奔驰，马铃声震动大地。

驾幸临水殿观争标锡宴

驾先幸池之临水殿，锡燕群臣。殿前出水棚，排立仪卫。近殿水中，横列四彩舟，上有诸军百戏，如大旗狮豹、掉刀蛮牌、神鬼杂剧之类。又列两船皆乐部，又有一小船，上结小彩楼，下有三小门，如傀儡棚①，正对水中乐船。上参军色进致语②，乐作，彩棚中门开，出小木偶人，小船子上有一白衣人垂钓，后有小童举棹划船，辽绕数回，作语，乐作，钓出活小鱼一枚，又作乐，小船入棚。继有木偶筑球、舞旋之类，亦各念致语、唱和乐作而已，谓之"水傀儡"③。又有两画船，上立秋千，船尾百戏人上竿，左右军院虞候监教④，鼓笛相和。又一人上蹴秋千，将平架，筋斗掷身入水，谓之"水秋千"。水戏呈毕，百戏乐船并各鸣锣鼓，动乐舞旗，与水傀儡船分两壁退去。有小龙船二十只，上有绯衣军士各五十余人，各设旗鼓铜锣。船头有一军校，舞旗招引，乃虎翼指挥兵级也⑤。又有虎头船十只，上有一锦衣人，执小旗立船头上，余皆着青短衣、长顶头巾，齐舞棹，乃百姓卸在行人也。又有飞鱼船二只，彩画间金，最为精巧，上有杂彩戏衫五十余人，间列杂色小旗绯伞，左右招舞，鸣小锣鼓铙铎之类。又有鳅鱼船二只，止容一人撑划，乃独木为之也。皆进花石朱缅所进⑥。诸小船竞诣"奥屋"，牵拽大龙船出诣水殿，其小龙船争先团转翔舞，迎导于前。其虎头船以绳牵引龙舟。大龙船约长三四十丈，阔三四丈，头尾鳞鬣，皆雕镂金饰，榥板皆退光⑦，两边列十阁子，充阁分歇泊⑧，中设御座龙水屏风。榥板到底深数尺，底上密排铁铸大银样如卓面大者，压重庶不敧侧也。上有层楼台观槛曲，安设御座。龙头上人舞旗，左右水棚排列六桨，宛若飞腾。至水殿，舣之一边。水殿前至仙桥，预以红旗插于水中，标识地分远近。所谓小龙船，列于水殿前，东西相向。虎头、飞鱼等船，布在其后，如两阵之势。须臾，水殿前水棚上一军校，以红旗招之，龙船各鸣锣鼓出阵，划棹旋转，共为圆阵，谓之"旋罗"。水殿前又以旗招之，其船分而为二，各圆阵，谓之"海眼"。又以旗招之，两队船相交互，谓之"交头"。又以旗招之，则诸船皆列五殿之东面，对水殿排成行列，则有小舟一军校，执一竿，上挂以锦彩银盌之类，谓之"标竿"，插在近殿水中。又见旗招之，则两行舟鸣鼓并进，捷者得标，则山呼拜舞。并虎头船之类，各三次争标而止。其小船复引大龙船入"奥屋"内矣。

【注释】①傀儡棚：指演戏的场所。

②参军色：宋代杂剧表演中饰演的官人角色。致语：宋、元时，乐

人所进的祝颂词。

③水傀儡：水上木偶戏。

④虞候：对下级吏员、侍从的通称。

⑤虎翼：宋代的水军称为"虎翼军"。

⑥朱缅：本为一富商，为其父朱冲杀人抵罪，以贿得免死。因遁迹入汴京，后结交童贯、蔡京，乃援引得官，以至于通显。花石纲之议，起于朱缅。

⑦樎板：船板。

⑧閤分：宋代对妃嫔的称呼。

【译文】御驾率先临幸金明池的临水殿，在那里，赐宴群臣。殿前搭建的水棚中，排队站立着仪仗队和卫队。靠近临水殿的池水中，横行排列四条彩船，船上有各军在表演百戏，如大旗狮豹、掉刀蛮牌、神鬼杂剧等。又停靠着两条船，上面载的都是演奏的乐队。还有一条小船，上面搭着一个小彩楼，下面开了三个小门，像演木偶戏用的棚子，正对着水中载乐队的船。扮官人的角色先上场说祝颂词，然后乐队奏乐，彩棚中间的门打开，出来一个小木偶人，小船上有一个穿着白衣的人在垂钓，在这白衣人的身后有一个小童拿着木桨划船，回环旋转了好几圈，两人对话，乐队又奏乐，白衣人钓上来一条小活鱼，乐队又奏乐，小船划入水棚中。接着表演木偶筑球、舞旋等节目，也分别有人上来说祝颂词，接着唱和奏乐，这一套演出被称为"水傀儡"。又来了两条彩船，船上立有秋千架，船尾有表演百戏的人爬竿，左右有监守表演的军院虞候，旁边有鼓笛相互谐调。又有一个人跃上秋千，荡到快要与秋千架的上梁平齐，然后突然翻了一个筋斗纵身跳到水里，这样的表演节目叫作"水秋千"。水戏表演结束之后，演百戏的船和乐队的船各自敲响锣鼓，跟着音乐舞动大旗，与表演水傀儡的船分别从两边退下。这时，驶来二十只小龙船，上面载着五十多个身穿着红衣的军士，船上分别设有旗鼓、铜锣。船头站着一位军校，在前面挥舞彩旗指挥引导，这是指挥虎翼军的军官。又来了十只虎头船，上面站着一个穿着锦衣的人，手里拿着一面小旗站在船头，其余的人一律穿着青色短衫、头戴长顶头巾，一起挥动船桨，这些都是从水军退役的平民百姓。还来了两只飞鱼船，船身描有彩绘并且用金色镶嵌，最为精巧，上面载着五十多个穿着杂彩戏衫的人，中间排列着不同颜色的小旗和红伞，飘舞在两边，敲击小锣鼓、铙和铎等乐器。又划来两只鳅鱼船，只能容纳一人撑划，这种船是由一根木头做成的，都是由采办花石纲的朱缅进献的。各只小船争相驶向奥屋，把一条大龙船拉到临水殿前面，其他小龙船争先绕着大龙船旋转飞舞，在前面迎接导引。用绳子牵引大龙船的是虎头船。大龙船大约长三四十丈，宽三四丈，船头、船尾的龙鳞龙鬣都用金饰雕镂，船板都已经没有了颜色。在大龙船的两边排列有十个房子，供妃嫔停留，中央摆放御座，座后是画有龙水图案的屏风。从船板向下到船底有几尺深，船底紧密排列着铁铸的银色大元宝形状的铁块，每个有桌面那么大，用它的重量来稳住船，避免歪倒摇晃。在大龙船上建有两层楼的看台，并用栏杆包围，中央摆放了御座。大龙船的船头有人挥舞一面旗子，两侧水棚排列了六个船桨，桨一划起来，船就像飞起来一样。到达临水殿后，船停靠在一边。从临水殿前一直到仙桥，事先在水里插好红旗，用来标明水道的距离。那些小龙船排列在临水殿前，东、西相对而停。虎头、飞鱼等船分散在小龙船的后面，如同两军对峙的阵势。过了一会儿，在临水殿前的水棚上面有一位军校手举红旗招呼船只，小龙船敲击锣鼓划出方阵，划动船桨旋转船身，共同围成一个圆阵，这叫"旋罗"。临水殿前又挥舞红旗招呼船只，这些龙船分成两队，各自形成一个新的圆阵，这叫"海眼"。又挥舞红旗招呼船只，两队龙船相互交叉，这叫"交头"。再次挥舞红旗招呼船只，所有船只都分布在五殿的东面，与临水殿相对排成一排，这时驶过来一条小船，船上站着一个手拿竹竿的军校，竹竿上挂着锦彩、银碗等，这叫"标竿"，插在靠近五殿的水中。又挥舞红旗招呼船只，两队船在击鼓声中，一起向前冲，先到达终点的可以获得奖标，船上的人们山呼万岁并叩拜舞蹈。还有虎头船等，各进行了三次争标比赛然后才停止。这些小船又牵引大龙船驶入"奥屋"里了。

驾幸琼林苑

驾方幸琼林苑，在顺天门大街面北，与金明池相对。大门牙道^①，皆古松怪柏。两傍有石榴园、樱桃园之类，各有亭榭，多是酒家所占。苑之东南隅，政和间创筑华觜冈，高数十丈，上有横观层楼，金碧相射，下有锦石缠道^②，宝砌池塘，柳锁虹桥，花萦凤舸^③，其花皆素馨、末莉、山丹、瑞香、含笑、射香等^④，闽、广、二浙所进南花，有月池、梅亭、牡丹之类，诸亭不可悉数。

【注释】①牙道：官府开凿的道路。
②锦石：有美丽花纹的石头。

③凤舸：雕绘华美的大船。

④射香：指麝香草，郁金香的别名。

【译文】圣驾临幸的琼林苑，在顺天门的大街上，大门朝北，对面就是金明池。大门里外都是官道，道旁立着古松怪柏。两边有石榴园、樱桃园等，里面有不少亭阁台榭，大多是被酒家所占用。政和年间，在琼林苑的东南角建造了华觜冈，几十丈高，冈上有能远望的二层高楼，装饰得金碧辉煌。冈下的人行道上，铺满了有美丽花纹的石头，还有精心砌成的池塘，镶嵌着宝物，垂柳轻笼虹桥，那些雕绘华美的游船穿梭于花团锦簇之中。苑中有素馨、茉莉、山丹、瑞香、含笑、麝香等从福建、两广、二浙进献的南方花卉，还有月池、梅花亭、牡丹亭等，各种亭阁台榭不能一一列举细说。

驾幸宝津楼宴殿

宝津楼之南有宴殿，驾临幸，嫔御车马在此。寻常亦禁人出入，有官监之。殿之西有射殿，殿之南有横街，牙道柳径，乃都人击球之所。西去苑西门、水虎翼巷，横道之南，有古桐牙道，两傍亦有小园圃台榭。南过画桥，水心有大撮焦亭了①，方池柳步围绕，谓之"虾蟆亭"，亦是酒家占。寻常驾未幸，习旱教于苑大门②。御马立于门上。门之两壁皆高设彩棚，许士庶观赏，呈引百戏。御马上池，则张黄盖，击鞭如仪。每遇大龙船出，及御马上池，则游人增倍矣。

【注释】①撮焦亭子：即"撮角亭子"，指四檐有尖角而上翘的亭子。

②旱教：步军训练的科目。

【译文】在宝津楼的南面有一座宴殿，当圣驾临幸宝津楼时，妃嫔、侍妾及车马都在这里停留。平时也不许百姓进出宴殿，有官吏专门负责监督。射殿建在宴殿的西面，宴殿的南面有一条横街，在这条官道旁柳树垂阴，是京都人击球的地方。向西就到了琼林苑的西门和水虎翼巷，在横街的南面，有种植梧桐的官道，官道两侧也有小园圃和台榭。往南经过画桥，池水的中心有一个大的撮角亭子，柳树围绕着方形水池，这种叫"虾蟆亭"，同样被酒家占用。平时御驾没有来的时候，步军在琼林苑门前操练。当御马来到琼林苑的门前，大门两侧的围墙都架设起高高的彩棚，允许士人和普通百姓在这里观赏百戏表演。当御马到了金明池，黄盖伞就都被张开了，禁军们按照礼仪规定挥动静鞭。每次遇到大龙船出来，或是御驾临幸金明池，来这里的游人就会比平时增加一倍。

驾登宝津楼诸军呈百戏

驾登宝津楼，诸军百戏呈于楼下。先列鼓子十数辈，一人摇双鼓子，近前进致语，多唱"青春三月暮山溪"也。唱讫，鼓笛举，一红巾者弄大旗，次狮豹入场，坐作进退，奋迅举止毕。次一红巾者手执两白旗子，跳跃旋风而舞，谓之"扑旗子"。及上竿、打筋斗之类讫，乐部举动，琴家弄令①，有花妆轻健军士百余，前列旗帜，各执雉尾、蛮牌、木刀②，初成行列拜舞，互变开门夺桥等阵，然后列成偃月阵③。乐部复动蛮牌令，数内两人，出阵对舞，如击刺之状，一人作奋击之势，一人作僵仆出场，凡五、七对。或以枪对牌、剑对牌之类，忽作一声如霹雳，谓之"爆仗"④，则蛮牌者引退。烟火大起，有假面披发、口吐狼牙烟火、如鬼神状者上场。着青帖金花短后之衣，帖金皂裤，跣足，携大铜锣，随身步舞而进退，谓之"抱锣"。绕场数遭，或就地放烟火之类。又一声爆仗，乐部动《拜新月慢》曲，有面涂青碌⑤，戴面具金睛，饰以豹皮锦绣看带之类，谓之"硬鬼"。或执刀斧，或执杵棒之类，作脚步蘸立，为驱捉视听之状。又爆仗一声，有假面长髯展裹绿袍靴简，如钟馗像者⑥，傍一人以小锣相招和舞步，谓之"舞判"。继有二、三瘦瘠，以粉涂身，金睛白面，如髑髅状，系锦绣围肚看带，手执软杖，各作魁谐⑦，趋跄举止若排戏⑧，谓之"哑杂剧"。又爆仗响，有烟火就涌出，人面不相睹，烟中有七人，皆披发文身，着青纱短后之衣，锦绣围肚看带，内一人金花小帽，执白旗，余皆头巾，执真刀，互相格斗击刺，作破面剖心之势，谓之"七圣刀"。忽有爆仗响，又复烟火出，散处以青幕围绕，列数十辈，皆假面异服，如祠庙中神鬼塑像，谓之"歇帐"。又爆仗响，卷退。次有一击小铜锣，引百余人，或巾裹，或双髻，各着杂色半臂，围肚看带，以黄白粉涂其面，谓之"抹跄"。各执木桿刀一口⑨，成行列，击锣者指呼各拜舞起居毕，喝喊变阵子数次，成"一字阵"，两两出阵格斗，作夺刀击刺之态百端讫，一人弃刀在地，就地掷身，背著地有声，谓之"扳落"。如是数十对讫，复有一装田舍儿者入场，念诵言语讫，有一装村妇者入场，与村夫相值，各持棒杖，互相击触，如相殴态。其村夫者以杖背村妇出场毕。后部乐作，诸军缴队杂剧一段[⑩]，继而露台弟子杂剧一段，是时弟子萧住儿、丁都赛、薛子大、薛子小、杨总惜、崔上寿之辈，后来者不足数。合曲舞旋讫，诸班直常入，祗候弟子所呈马骑，先一人空手出马，谓之"引马"。次一人磨旗出马，谓之"开道旗"。次有马上抱红绣之球，系以红锦索，掷下于地上，数骑追逐射之，左曰"仰手射"，右曰"合手射"，谓之"拖绣球"。又以柳枝插于地，数骑以划子箭[⑪]，或弓或弩射之，谓之"蜡柳枝"[⑫]。又有以十余小旗，遍装轮上而背之出马，谓之"旋风旗"。又有执旗挺立鞍上，谓之"立马"。或以身下马，以手攀鞍而复上，谓之"騗马"[⑬]。或用手握定镫裤，以身从后鞦来往[⑭]，谓之"跳马"。忽以身离鞍，屈右脚挂马鬃，左脚在镫，左手把鬃，谓之"献鞍"，又曰"弃鬃"。背坐或以两手握镫裤，以肩著鞍桥[⑮]，双脚直上，谓之"倒立"。忽掷脚著地，倒拖顺马而走，复跳上马，谓之"拖马"。或留左脚著镫，右脚出镫，离鞍横身，在鞍一边，右手捉鞍，左手把鬃存身，直一脚顺马而走，谓之"飞仙膊马"。又存身拳曲在鞍一边，谓之"镫里藏身"。或右臂挟鞍，足著地顺马而走，谓之"赶马"。或出一镫，坠身著鞦，以手向下绰地，谓之"绰尘"。或放令马先走，以身追及，握马尾而上，谓之"豹子马"。或横身鞍上，或轮弄利刃，或重物、大刀、双刀百端讫。有黄衣老兵,谓之"黄院子",数辈执小绣龙旗前导,宫监马骑百余⑯,谓之"妙法院"。女童皆妙龄翘楚,结束如男子,短顶头巾,各着杂色锦绣,捻金丝番段窄袍,红绿吊敦束带,莫非玉羁金勒⑰,宝镫花鞯,艳色耀日,香风袭人,驰骤至楼前,团转数遭,轻帘鼓声,马上亦有呈骁艺者⑱。中贵人许畋押队招呼成列,鼓声,一齐掷身下马,一手执弓箭、揽缰子就地,如男子仪。拜舞山呼讫,复听鼓声,骊马而上。大抵禁庭如男子装者,便随男子礼起居。复驰骤团旋,分合阵子讫,分两阵,两两出阵,左右使马,直背射弓,使番枪或草棒交马野战,呈骁骑讫,引退,又作乐。先设彩结小球门于殿前,有花装男子百余人,皆裹角子向后拳曲花幞头,半着红,半着青锦袄子,义襕束带丝鞋⑲,各跨雕鞍花鞯驴子⑳,分为两队,各有朋头一名㉑,各执彩画球杖,谓之"小打"。一朋头用杖击弄球子,如缀球子方坠地,两朋争占,供与朋头,左朋击球子过门入孟为胜㉒,右朋向前争占,不令入孟,互相追逐,得筹谢恩而退。续有黄院子引出宫监百余㉓,亦如小打者,但加之珠翠装饰,玉带红靴,各跨小马,谓之"大打"。人人乘骑精熟,驰骤如神,雅态轻盈,妍姿绰约,人间但见其图画矣。呈讫。

【注释】①弄令:指弹奏令曲。令,唐宋杂曲的一种。

②雉尾:也叫翎子,俗话就是野鸡尾巴。两根大野鸡翎子,插在头上,作为英雄或戏曲人物头上的装饰品。蛮牌:用南方产的粗藤做的盾牌。

③偃月阵：古代阵法，全军呈弧形配置，形如弯月。

④爆仗：用纸卷裹火药做成的鞭炮。

⑤青碌：一种混合颜料，略呈青灰色。

⑥钟馗（kuí）：中国民间传说中能打鬼驱除邪祟的神。旧时民间常挂钟馗的像。

⑦魁谐：效仿伎艺者首领之谐。

⑧趋跄：形容步趋中节。古时朝拜晋谒须依一定的节奏和规则行步。亦指朝拜，进谒。

⑨棹刀：即"掉刀"，古代战刀的一种。

⑩缴队：即"结队"。

⑪刬（chǎn）子箭：箭头如铲形的箭。

⑫蜡柳枝：指用扁平的箭头射断柳枝。

⑬骗（piàn）马：也作"骗马"，指跃上马背，骑马。

⑭鞅：同"鞧"。指套车时拴在驾辕牲口屁股上的皮带子。

⑮鞍桥：亦作"鞍鞒"。马鞍。其拱起处形似桥，故称。

⑯宫监马骑：皇宫里太监管理的马队，和禁军的马队不在同一编制。

⑰玉羁：玉饰的马络头。金勒：金饰的带嚼口的马络头。

⑱骁艺：马戏，专指驯马和马术的表演。

⑲襕：一种上下衣相连的服装。

⑳韂（zhàn）：马背上衬托马鞍的垫子。

㉑朋头：队长、班头。

㉒孟：每一队被攻击的靶点，相当于现在的足球门。

㉓黄院子：宋时内廷的杂役人员。

【译文】圣驾登上宝津楼，各军部在楼下进行百戏表演。首先排列了十几位鼓手，其中一人手里摇动双鼓子，走到台前来说唱颂辞，多数是要唱一首"青春三月蓦山溪"的曲子。唱完之后，鼓、笛一起发出声响，一个头戴红头巾的人耍动大旗，然后狮子和豹子入场，做着坐起、进退的动作，它们行动迅速、灵活，表演完后就退场了。接着又出来一个头戴红头巾的人，他手拿两面白旗子，跳跃旋转像跳舞一样，这种表演被人们称为"扑旗子"。等到表演完爬竿、翻筋斗之类的节目后，乐队开始演奏，琴师弹奏令曲，有一百多位穿着花衣、轻捷强健的士兵上场，队前排列着几面旗帜，各自拿着雉尾、盾牌和木刀，起初排队向观众行礼和跳舞，然后变换成开门、夺桥等阵势，再然后摆出偃月阵。乐队又奏起《蛮牌令》的曲调，从阵中走出两人面对面地跳起舞来，好像他们彼此在击刺，其中一人做出奋力攻击的样子，另一个人就装作被刺中而倒下的样子，出场表演的有五对或七对人，或是用枪对战盾牌，或是用剑对战盾牌等等，突然发出一声像霹雳一样的巨响，被人们叫作"爆仗"，接着那些手拿盾牌的人退场。台上烟火喷出，戴着假面具、披头散发、口吐狼牙烟火、形似鬼神的人出场了。他穿着青色帖金花短后襟的上衣，下身穿着帖金黑裤，光着脚，手拿一面大铜锣，晃动身体跳舞时进而退，这个表演叫"抱锣"。他在台上绕了好几圈，有时原地放一下烟火。又一声爆仗响起，乐队开始演奏《拜新月慢》曲，一些面涂青绿颜色、戴着面具、金色眼睛的人出场，他们用豹皮锦绣看带等做装饰，这些人叫"硬鬼"。有的拿着刀斧，有的拿着杆棒等，踮起脚跟站立，做出驱赶捉拿、观察寻求鬼怪的样子。又一声爆仗响起，台上出现了一位戴着面具、长胡须、穿着展裹绿袍子、脚穿靴子的人，他打扮得像钟馗，旁边有一个人敲着小锣伴奏，配合着舞步，这种表演叫"舞判"。接着有两三个皮包骨头的瘦人出场，身上涂满白粉，金色眼睛白脸，长得像髑髅一样，系着锦绣围肚看带，手拿软杖，各自效仿当红伎艺者的诙谐动作，步伐、行动举止好像在排戏一样，这种表演叫作"哑杂剧"。又响了一声爆仗，台上涌出一股烟火，即使面对面人们也看不见对方，烟火中冒出七人，个个披头散发、刺着文身，身穿青纱短后襟上衣，腰间围着锦绣围肚看带。其中一人戴着插有金花的小帽，手拿白旗，其余的人戴着头巾，拿着真刀，相互格斗击刺，做出划破脸、破胸取心的动作，这个表演叫"七圣刀"。突然传来一声爆仗响，又有烟火冒出来，浓烟扩散的地方用青色帐幕包围，排列几十个人，都戴着假面具，穿着奇装异服，看起来就像是祠庙里的神鬼塑像，这叫"歇帐"。又响起一声爆仗，台上的帐幕被卷了起来，这几十个人依次退场。接着有一人敲击一面小铜锣，引来一百多人，有的头裹布巾，有的梳着双髻，各穿着不同颜色的坎肩，腰间系着围肚和看带，脸上抹着黄白色的脂粉，这叫"抹跄"。每人各拿一把木掉刀，排列整齐，那个击锣的人发号施令，各自行礼舞蹈起来之后，叫喊着变几次阵势，又排成"一字阵"，两两出阵格斗，做出夺刀、击刺等样子的各种动作，之后突然有一人把刀扔在地上，原地腾起身体，落下背部着地发出响声，这个表演叫"扳落"。像这样几十对表演完毕后，又有一位扮成农家人出场，在台上朗诵完一段后，台上出现了一个扮成村妇的人，和农家人相遇，各自拿着木棍，相互攻击碰撞，好像打架的样子。最后以农家人用木棍背着村妇退场，之后乐队奏乐，各军部一起表演一段杂剧，然后民间剧团的艺人也表演一段杂剧，当时以萧住儿、丁都赛、薛子大、薛子小、杨总惜、崔上寿等人最有名气，其他人就不值得提到了。等到跳完一段舞蹈之后，禁军各部出场，祗候弟子牵来马，先有一个人空手骑马，这叫"引马"。然后有一个人摇旗骑马，这叫"开道旗"。再然后有一个人在马上抱着一个红绣球出场，系着一根红锦索，把红绣球扔到地上，几个骑马的人追逐并用箭射绣球，左边的叫"仰手射"，右边的叫"合手射"，这种表演叫"拖绣球"。又有人把柳枝插在地上，几个骑马的人用铲形箭头的箭，或者用弓或弩射柳枝，这种表演叫"蜡柳枝"。又有人拿十多面小旗，全都插在轮上，背着骑马，这种表演叫"旋风旗"。又有人手拿旗子在马鞍上站立，这叫"立马"。或者纵身下马，用手撑着马鞍再上马，这叫"鱤马"。或者用手紧握马镫套裤，身体在马的后鞦上左右甩动，这叫"跳马"。突然身体从马鞍离开，弯曲右脚挂到马鬃上，左脚还留在马镫里，左手抓紧马鬃，这叫"献鞍"，也叫"弃鬃"。背着坐在马鞍上，或者用两手紧握马镫套裤，肩贴在鞍桥上，两脚朝上，这叫"倒立"。突然双脚落到地上，倒拖顺马而走，然后又跃上马鞍，这叫"拖马"。或者把左脚留在马镫里，右脚脱开马镫，离开马鞍横身在鞍的一边，右手抓住马鞍，左手抓住马鬃，直着一只脚顺马而走，这叫"飞仙膊马"。又全身弯曲在马鞍的一侧，这叫"镫里藏身"。或者右臂夹住马鞍，脚着地，顺马而走，这叫"赶马"。或者一只脚脱出马镫，身体向下钩住马的后鞦，用手向下摸住地面，这叫"绰尘"。或者下令让马先走，然后全力追住马匹，握住马尾后跃上马背，这叫"豹子马"。或者横躺在马鞍上，或者玩弄锋利的刀剑，或者耍弄重物、大刀、双刀等。在马术表演完以后，有几个穿着黄衣的老兵，被称作是"黄院子"，他们手拿小绣龙旗在前面引导。皇宫里太监管理的马队有一百多匹出场了，被人们叫作"妙法院"。骑在马上的女童全是年轻漂亮的，但身穿男装，头戴短头巾，各自身上穿着不同颜色的锦绣捻金丝番段窄袍，还有红绿两色的吊敦束带，每一骑无不是玉羁金勒，宝镫花鞯，艳色耀日，香风袭人。女骑手奔驰到宝津楼前，绕着转了几圈，一阵鼓声响起，马上也有表演马术的人。内监中贵人许畋担当领队，发号令让马队排成一列，鼓声又响起，女骑手们同时纵身下马，一手拿着弓箭、揽着缰绳，原地像男子那样行礼，向皇帝跪拜舞蹈，山呼万岁，之后鼓声又响起，她们跃上马背。凡是在皇宫中穿男装者，就得学男子那样的礼仪生活。这些女骑手又驾马急速绕着转圈并表演或分或合的队形，然后分成两个队列，两两出列，左右配合着骑马，直起身子射箭，手拿番枪或者木棍，骑马交战，表现出英勇的英姿。表演结束后退场，乐队又奏起乐来。在宝津楼前先布置好彩结装饰的小球门，有一百多个穿着花衣的男子出场，他们都是戴着裹角子向后拳曲的花幞头，其中一半人穿着红锦袄子，另一半人则穿着青锦袄子，义襕束带丝鞋，各自骑着雕鞍花辔的驴子，分成两队，每个队有一位队长，每个队长手里拿着彩绘球杖，这叫"小打"。一个队的队长用球杖击打球子，如果这个缀球子正好落地，两队争抢，抢到手后，交给自己的队长，左队把球子击打进右队球门入"盂"中，就算获胜。右队向前争抢，不让球子入"盂"，两队互相追逐，赢得胜利后向皇帝叩头谢恩，然后退场。接着黄院子又领来一百多名女子马队入场，她们也像"小打"那些人，但加上了珠翠装饰，腰间系着玉带，脚穿红靴，各自骑着小马，这叫"大打"。人人骑术精湛，奔驰如神，姿态轻盈，姿容美丽，普通百姓只能从画中才能看到这样的场景了。宝津楼前各军的百戏表演就这样结束了。

驾幸射殿射弓

驾诣射殿射弓，垛子前列招箭班二十余人，皆长脚幞头，紫绣抹额，紫宽衫，黄义襕，雁翅排立，御箭去则齐声招舞，合而复开，箭中的矣。又一人口衔一银碗，两肩两手共五只，箭来皆能承之。射毕，驾归宴殿。

【译文】圣驾临幸射殿射箭，在箭垛的前面排列着二十多个招箭班的弓箭手，个个戴着长脚幞头，扎着紫绣抹额，穿着紫宽衫和黄义襕，像大雁展翅那样一字排开。当皇帝射出的弓箭飞向箭靶时，他们便异口同声手舞足蹈，两列人合在一起又重新分开，这就表示皇帝射出的箭中靶了。又有一人嘴里叼着一个银碗，两肩和两手上各放一个银碗，一共有五个银碗，箭射过来后，都能用碗接住。射箭结束后，圣驾回到宴殿。

池苑内纵人关扑游戏

池苑内，除酒家、艺人占外，多以彩幕缴[结]络，铺设珍玉、奇玩、匹帛、动使、茶酒器物关扑。有以一笏扑三十笏者。以至车马、地宅、歌姬、舞女，皆约以价而扑之。出九和合①，有名者，任大头、快活三②之类，余亦不数。池苑所进奉鱼、藕、果实，宣赐有差。后苑作进小龙船③，雕牙缕翠，极尽精巧。随驾艺人，池上作场者，宣、政间④，张艺多、浑身眼、宋寿香、尹士安小乐器、李外宁水傀儡，其余莫知其数。池上饮食：水饭、凉水菉豆、螺蛳肉、饶梅花酒、查片、杏片、梅子、香药、脆梅、旋切鱼脍、青鱼、盐鸭卵、杂和辣菜之类⑤。池上水教罢，贵家以双缆黑漆平船，紫帷帐，设列家乐游池。宣、政间，亦有假赁大小船子，许士庶游赏，其价有差。

【注释】①出九和合：关扑术语，赢家得胜的方式。

②快活三：宋元方言称体胖者。

③后苑作："后苑造作所"的简称，属入内内侍省。宋真宗咸平三年，并造作所、后苑作置，掌内廷及皇属婚娶所需物品。

④宣、政：指宋徽宗宣和以及政和年间。

⑤菉豆：即绿豆。查片：即山楂片。

【译文】在金明池和琼林苑里，除了酒家和艺人占去的房舍以外，剩下的大多围绕着彩色的帷幕并装饰了缨络。在帷幕中铺设珍玉、奇玩、匹帛、日常应用器具、茶酒、器物等进行关扑。有时能用一筹而扑得三十筹的，以至于车马、地宅、歌姬、舞女，都可以拿来估价而参赌。在出九和合上最出名的有任大头、快活三等人，剩下的都不值得一提了。对于池苑所进献的鱼、藕、水果，皇帝赏赐给臣下的各有差别。后苑作进献的小龙船，象牙雕刻，翡翠装饰，极为精巧。跟随御驾的艺人能在金明池上场表演的，在宣和、政和年间，最有名的有张艺多、浑身眼、宋寿香、尹士安演奏小乐器、李外宁表演水傀儡，

剩下的没有人能知道还有多少位。金明池边卖的吃食有：水饭、凉水绿豆、螺蛳肉、饶梅花酒、山楂片、杏片、梅子、香药、脆梅、旋切鱼脍、青鱼、盐鸭卵、杂和辣菜等。每当水军在金明池操练完后，高门大族之家就会用双缆黑漆平船，船上围着紫色帷帐，安排家乐在金明池上游玩。宣和、政和年间，也有出租大小船的店铺，允许士人和普通百姓来金明池游玩观赏，租借船只的费用各有不同。

驾回仪卫

驾回则御裹小帽，簪花乘马，前后从驾臣寮①，百司仪卫，悉赐花。大观初②，乘骢马至太和宫前，忽宣小乌③，其马至御前，拒而不进，左右曰："此愿封官。"敕赐龙骧将军，然后就辔，盖小乌平日御爱之马也。莫非锦绣盈都，花光满目，御香拂路，广乐喧空，宝骑交驰，彩棚夹路，绮罗珠翠，户户神仙，画阁红楼，家家洞府，游人士庶，车马万数。妓女旧日多乘驴，宣、政间惟乘马，披凉衫，将盖头背系冠子上。少年狎客，往往随后，亦跨马，轻衫小帽。有三、五文身恶少年控马，谓之"花褪马"。用短缰促马头，刺地而行，谓之"鞅缰"。呵喝驰骤，竞逞骏逸。游人往往以竹竿挑挂终日关扑所得之物而归。仍有贵家士女，小轿插花，不垂帘幕。自三月一日至四月八日闭池，虽风雨亦有游人，略无虚日矣。

是月季春，万花烂漫，牡丹、芍药、棣棠、木香，种种上市。

卖花者以马头竹篮铺排，歌叫之声，清奇可听。晴帘静院，晓幕高楼，宿酒未醒，好梦初觉，闻之莫不新愁易感，幽恨悬生，最一时之佳况。诸军出郊，合教阵队。

【注释】①臣寮：即臣僚。

②大观：宋徽宗的年号。

③小乌：宋徽宗心爱的小黑马的宠名。

【译文】御驾回宫时，皇帝裹着小帽，帽上插着簪花，乘着御马，在前后护送的陪驾臣僚以及随行的百官、仪卫都被赏赐了簪花。大观初年，皇帝骑着一匹青白色相杂的马来到太和宫前时，突然招呼名叫小乌的马，那匹马快要来到皇帝面前时，不肯再往前走一步，皇帝身边的人说："它希望皇上封它为官。"于是皇帝下诏书赐它为"龙骧将军"，然后这马才肯接受嚼子和缰绳，这是因为小乌平时就是皇帝的爱马。御驾回宫的队伍真是个个锦衣绣服，满目花光，香气轻拂道路，在空中充斥着乐声，宝马争先奔驰，街头巷尾都是彩棚。穿着华丽头戴珠翠，户户过着神仙般的生活，画阁红楼，家家似洞府。出外游玩的士人和普通百姓，乘坐的车马成千上万。妓女以前出门大多是骑驴，在宣和、政和年间，妓女出门一律骑马，身披凉衫，把盖头向后系到帽子上。那些年少嫖客也骑着马，穿着轻衫，戴着小帽，常跟在她们后面。有三五个刺着文身的不良少年骑马跟随，被人们称为"花褪马"。用短缰绳抽打马头，让马头贴近地面而行，这叫"鞅缰"。这些人骑在马背上大声呵斥，比赛似的疾速飞奔。游人常常把他们一天当中关扑赢得的东西挂在竹竿上扛回家。还有贵族人家的士女坐着小轿，头戴簪花，不放下轿帘。金明池从农历三月一日到四月初八日才闭池。即使某天刮风下雨也照样有游人去赏玩，从来没有空闲的日子。

农历三月叫作季春，万花盛开，色彩鲜丽，牡丹、芍药、棣棠、木香等，都可以在集市上买到。卖花人用马头竹篮铺排各种鲜花，供人挑选，他们的叫卖声美妙奇异、悦耳动听。晴帘静院，帘幕遮住高楼，还没从宿醉中醒来，美梦做得正香，当这些人听到卖花声，无不是容易产生新愁，再起旧怨，最是一时佳况。在这个季节，各军出城，联合训练。

卷之八

四月八日

四月八日佛生日[①]，十大禅院各有浴佛斋会[②]，煎香药糖水相遗，名曰"浴佛水"。迤逦时光昼永，气序清和。榴花院落，时闻求友之莺；细柳亭轩，乍见引雏之燕。在京七十二户诸正店，初卖煮酒，市井一新。唯州南清风楼，最宜夏饮，初尝青杏，乍荐樱桃，时得佳宾，觥酬交作。是月茄瓠初出上市，东华门争先供进，一对可直三五十千者。时果则御桃、李子、金杏、林檎之类[③]。

【注释】①佛生日：释迦牟尼的诞生日。又称"佛诞日"。

②浴佛：在农历四月八日这一天，佛教徒用各种名香浸水洗佛像。

③林檎（qín）：亦作"林禽"。植物名。又名花红、沙果。

【译文】农历四月初八日是释迦牟尼佛的诞生日。京都十大禅院分别举行浴佛斋会。在这一天，人们互相赠送煎香药的糖水，名叫"浴佛水"。转眼间，白天的时间变得越来越长，天气越来越清明和暖。院落里的石榴树都开出了小花，不时还能听到黄莺求友的叫声；亭轩边的细柳垂阴，猛然还能看见新生的小燕子。在京都七十二家官方店铺，开始贩卖煮酒，集市焕然一新。最适合在夏季饮酒的店家莫过于城南的清风楼。新鲜的青杏初次品尝，突然推荐新送来的樱桃，在此时找几个要好的朋友一起喝几杯，开怀畅饮。在这个月，茄子和瓠子等新鲜菜品也刚刚上市，东华门的菜市争先向皇宫进献新鲜蔬菜，一对茄子或瓠子可以卖到三十到五十千。应时的水果则有御桃、李子、金杏、林檎之类。

端午

端午节物：百索、艾花、银样鼓儿、花花巧画扇、香糖果子、粽子、白团、紫苏、菖蒲、木瓜①，并皆茸切②，以香药相和，用梅红匣子盛裹。自五月一日及端午前一日，卖桃、柳、葵花、蒲叶、佛道艾③。次日，家家铺陈于门首，与粽子、五色水团、茶酒供养④，又钉艾人于门上，士庶递相宴赏。

【注释】①百索：五月五日用五色彩丝绳装饰门户，可以避邪；后来便戴在小儿的头颈或系在臂上，以避不祥。紫苏：一年生草本，茎、叶、子、实均可入药，有止咳、祛痰及利尿之功。又名桂荏。菖蒲

(chāng pú)：白菖的别名。水生植物，多年生草本，有香气，地下有根茎，可作香料，又可作健胃药，具长叶和辛辣味的主茎。

②茸切：切成细丝。

③佛道艾：即伏道艾。在宋朝被认为是艾中佳品，因产于河南汤阴之伏道，故称伏道艾。端午节可用以辟邪。

④五色水团：一种用糯米粉制作的团子，因杂五色人兽花果之状，故称。

【译文】在端午节那天应节的物品有百索、艾花、银样鼓儿、花花巧画扇、香糖果子、粽子、白团、紫苏、菖蒲、木瓜，紫苏、菖蒲、木瓜等要切成细丝，然后与香药搅拌在一起，都装进梅红匣子里。从农历五月初一起到端午节的前一天为止，满街叫卖的都是桃、柳枝、葵花、蒲叶、伏道艾之类。第二天，家家在门前摆放这些物品，并拿粽子、五色水团、茶、酒来供奉神灵，又在门上钉上艾草做成的小人。士人和普通百姓互相宴饮赏玩。

六月六日崔府君生日，二十四日神保观神生日

六月六日，州北崔府君生日①，多有献送，无盛如此。二十四日，州西灌口二郎生日②，最为繁盛。庙在万胜门外一里许，敕赐神保观。二十三日，御前献送后苑作与书艺局等处制造戏玩③，如球杖、弹弓、弋射之具④，鞍辔、衔勒、樊笼之类⑤，悉皆精巧。作乐迎引至庙，于殿前露台上设乐棚，教坊、钧容直作乐，更互杂剧舞旋。太官局供食⑥，连夜二十四盏，各有节次。

至二十四日，夜五更争烧头炉香，有在庙止宿，夜半起以争先者。天晓，诸司及诸行百姓献送甚多。其社火呈于露台之上⑦，所献之物，动以万数。自早呈拽百戏，如上竿、趯弄、跳索、相扑、鼓板、小唱、斗鸡、说诨话、杂扮、商谜、合笙、乔筋骨、乔相扑、浪子杂剧、叫果子、学像生、倬〔掉〕刀、装鬼、砑鼓、牌棒、道术之类⑧，色色有之，至暮呈拽不尽。殿前两幡竿，高数十丈，左则京城所⑨，右则修内司⑩，搭材分占，上竿呈艺解。或竿尖立横木，列于其上，装神鬼，吐烟火，甚危险骇人。至夕而罢。

【注释】①崔府君：即唐朝诗人崔珏，民间俗称崔府君。判官位于酆都天子殿中，负责审判来到冥府的幽魂，是宋代民间所敬之神。

②灌口二郎：也称二郎神。相传秦时李冰及其次子曾在灌口开离堆，锁孽龙，有德于蜀人，蜀人因此建庙祭祀，奉之为神灵。后演变为小说，戏剧中的神话人物。

③书艺局：宋朝翰林院置，掌抄写诏命。

④弋射：指射鸟，也泛指射猎禽兽。

⑤衔勒：穿套马口以驾驭马匹的器具。樊笼：指鸟笼。

⑥太官局：隶殿中省尚食局。

⑦社火：民间节日举办的杂戏、杂耍等游艺活动。

⑧合笙：即合生。学像生：宋元时期杂艺的一种，以模仿各种声音与动作娱悦观众。倬刀：即"掉刀"。砑鼓：即"迓鼓"。宋元时民间乐曲名。官府有衙鼓，民间效其节奏，讹作迓鼓。

⑨京城所：即"京城守具所"。

⑩修内司：官署名。宋属将作监，掌宫殿、太庙修缮事务。

【译文】农历六月初六，是城北崔府君的生日，往他庙里送贡品的人有很多，别的神庙没有比这里香火旺盛的了。六月二十四日，是城西二郎神的生日，那天他庙里的香火最旺盛。他的庙宇建在距万胜门外一里多的地方，皇上赐庙名为"神保观"。在农历六月二十三日，皇宫向二郎神庙献上后苑作和书艺局等部门制造的游戏用具作为供品，包括球杖、弹弓、捕鸟用具，以及鞍辔、衔勒、鸟笼等，都很精致巧妙。这些物品是由乐队奏乐迎接导引到庙里的，并在大殿前的露台上搭设了乐棚，教坊、军乐队在棚里奏乐，轮流上演杂剧和舞旋。太官局提供吃食，当晚有二十四盏，各有次序。到了二十四日，晚上五更天时人们争抢着来进头炉香，甚至有人在夜里就住到庙里等待，半夜起来争头炉香。天亮时，皇宫中各部门以及各行业的百姓进献供品的就更多了。在露台上表演杂戏、杂耍等，送进庙门的供品，动不动就数以万计。从早晨开始，庙里就安排百戏表演，包括上竿、趯弄、跳索、相扑、鼓板、小唱、斗鸡、说诨话、杂扮、商谜、合笙、乔筋骨、乔相扑、浪子杂剧、叫果子、学像生、掉刀、装鬼、研鼓、牌棒、道术等表演，各式各样，应有尽有，一直到晚上还在不停地表演。大殿前有两根幡竿，几十丈高，左面的那根是由京城所来立起来的，右面的那根是由修内司来立起来的，这两个部门提供搭建材料并分别管理，艺人们在这两根幡竿上展示技艺。或者把一根横木固定在幡竿的顶端，人站在横木上，装鬼神，吐烟火，实在是非常危险吓人。这些表演直到大晚上才结束。

是月巷陌杂卖

　　是月时物，巷陌路口，桥门市井，皆卖大小米水饭、炙肉、干脯、莴苣笋、芥辣瓜儿、义塘甜瓜、卫州白桃、南京金桃、水鹅梨、金杏、小瑶李子、红菱、沙角儿、药木瓜、水木瓜、冰雪凉水、荔枝膏，皆用青布伞，当街列床、凳堆垛。冰雪惟旧宋门外两家最盛，悉用银器。沙糖菉豆、水晶皂儿、黄冷团子、鸡头穰冰雪、细料馉饳儿、麻饮鸡皮、细索凉粉、素签成串、熟林檎、脂麻团子、江豆碢儿、羊肉小馒头、龟儿沙馅之类[①]。都人最重二伏，盖六月中别无时节，往往风亭水榭，峻宇高楼，雪槛冰盘，浮瓜沉李[②]，流杯曲沼，苞鲊新荷，远迩笙歌，通夕而罢。

　　【注释】①菉豆：即绿豆。江豆碢儿：即"江豆砣"，也就是江豆糕。

　　②浮瓜沉李：吃在冷水里浸过的瓜果。形容暑天消夏的生活。

　　【译文】在农历六月应时的物品，京都里的大街小巷、城门集市常能见到卖大小米水饭、炙肉、干脯、莴苣笋、芥辣瓜儿、义塘甜瓜、卫州白桃、南京金桃、水鹅梨、金杏、小瑶李子、红菱、沙角儿、药木瓜、水木瓜、冰雪凉水、荔枝膏等吃食，都用青布伞，在街上摆好床凳，把货物直接堆在上面。卖冰雪冷饮的要数旧宋门外的两家店铺生意最好，都是装在银质容器里，常卖的有沙糖绿豆、水晶皂儿、黄冷团子、鸡头穰冰雪、细料馉饳儿、麻饮鸡皮、细索凉粉、素签成串、熟林檎、脂麻团子、江豆碢儿、羊肉小馒头、龟儿沙馅之类吃食。京都人特别重视二伏天，因为在六月里没有别的节气了。他们总是选择在风亭水榭，或者峻宇高楼，坐在凉亭中，享受着冷饮凉食，吃着冷水里浸过的瓜果，斟酒传杯，吃着鱼，看着新开的荷花，听着从远处或是近处传来的奏乐歌唱，一直到傍晚才结束。

七夕

七月七夕，潘楼街东宋门外瓦子、州西梁门外瓦子、北门外、南朱雀门外街及马行街内，皆卖磨喝乐①，乃小塑土偶耳。悉以雕木彩装栏座，或用红纱碧笼，或饰以金珠牙翠，有一对直数千者。禁中及贵家与士庶为时物追陪。又以黄蜡铸为凫雁、鸳鸯、鸂鶒、龟鱼之类②，彩画金缕，谓之"水上浮"。又以小板上傅土，旋种粟令生苗，置小茅屋花木，作田舍家小人物，皆村落之态，谓之"谷板"。又以瓜雕刻成花样，谓之"花瓜"。又以油面糖蜜造为笑靥儿，谓之"果食"，花样奇巧百端，如捺香方胜之类③。若买一斤，数内有一对被介胄者，如门神之像。盖自来风流，不知其从，谓之"果实将军"。又以菉豆、小豆、小麦于磁器内，以水浸之，生芽数寸，以红蓝彩缕束之，谓之"种生"。皆于街心彩幕帐设，出络货卖。七夕前三、五日，车马盈市，罗绮满街，旋折未开荷花，都人善假做双头莲，取玩一时，提携而归，路人往往嗟爱。又小儿须买新荷叶执之，盖效颦磨喝乐。儿童辈特地新妆，竞夸鲜丽。至初六日、七日晚，贵家多结彩楼于庭，谓之"乞巧楼"④。铺陈磨喝乐、花瓜、酒炙、笔砚、针线⑤，或儿童裁诗⑥，女郎呈巧，焚香列拜，谓之"乞巧"。妇女望月穿针，或以小蜘蛛安合子内，次日看之，若网圆正，谓之"得巧"。里巷与妓馆，往往列之门首，争以侈靡相尚。（"磨喝乐"，本佛经"摩睺罗"，今通俗而书之。）

【注释】①磨喝乐：七夕日供乞巧用的娃娃。用木、泥或蜡制成。

②鸂鶒（xī lái）：水鸟名。形大于鸳鸯，而多紫色，好并游。俗称紫鸳鸯。

③捺香：一种香名，又名捺多、和罗。方胜：把方形信笺的两斜角折成菱形花样。古代民间寄情书，常常这样做，象征同心。

④乞巧楼：乞巧的彩楼。旧时风俗，农历七月七日夜（或七月六日夜）妇女在庭院向织女星乞求智巧，称为"乞巧"。

⑤酒炙：酒和肉。亦泛指菜肴。

⑥裁诗：作诗。

【译文】七月初七，在潘楼街东宋门外瓦子、城西梁门外瓦子、北门外、南朱雀门外街及马行街里，都有叫卖磨喝乐的，它只是一个小的泥塑的人像。这样的小土偶都是用木料雕刻出来的，然后加以彩绘，装在底座上，或者罩上红纱绿笼，或者加上金珠、象牙、翡翠等装饰，一对磨喝乐甚至可以值几千钱。皇宫内以及高门大族之家，与士人和普通百姓常常还要再买上一个磨喝乐作为应时的节日礼物。还用黄蜡铸成凫雁、鸳鸯、鸂鶒、龟鱼等物件，并用彩画金镂加以装饰，被称为"水上浮"。又在小板上铺设一层土，在土里种上粟，让粟发出芽、生出苗来，还在小板上放上小茅屋、花草、树木等，再做一些田舍家的小人物放在小板上，呈现出村落的态势，被称为"谷板"。又把瓜雕刻成好几种花样，被称为"花瓜"。又有人用油、面粉、糖、蜂蜜做成笑靥儿，叫作"果食"，花样真是千变万化，如捺香、方胜之类。如果买上一斤"果食"，里面一定有一对披甲戴盔样式的，就像门神的样子，其造型逼真，不知是哪个朝代的，被称作"果实将军"。还有人把绿豆、小豆、小麦放在一个瓷器内用水浸泡，发出的芽有几寸长，然后用红蓝两色的彩色丝线系在一起，被称为"种生"。这些东西被当街放在彩色帷帐中，加上装饰售卖。七夕前的三、五天，在集市上满是车马，人们都穿着华服。摘下还没有盛开的荷花，京都人擅长做成假的双头莲，拿来赏玩，拿着带回家，路上的行人见了都很赞叹喜爱。如果家里有儿童的话，那就得去买新荷叶让他们拿在手里，这看起来像是在模仿磨喝乐。孩子们特意穿上漂亮的新衣服，相互争胜自吹自己的衣服更漂亮。到了初六、初七的晚上，高门大户之家大多在自家院子里搭起彩楼，被人们称为"乞巧楼"。彩楼里摆设磨喝乐、花瓜、酒菜、笔砚、针线，或者让孩子们作诗，让女孩们把满意的女红拿出来展示，烧香叩拜，这叫"乞巧"。妇女们望着月亮穿针引线。或者抓些小蜘蛛放进盒子里，第二天看这些蜘蛛，如果在盒子里蜘蛛结的网又圆又端正，这样就叫作"得巧"。小街小巷的人家以及京都内的各妓院，常常在自家门口摆放过七夕用的物品，争相比较谁家准备的过节礼物更奢侈。（"磨喝乐"，原本来源于佛经中的"摩睺罗"，现今用通俗说法来记述。）

中元节

七月十五日，中元节①。先数日，市井卖冥器②：靴鞋、幞头、帽子、金犀假带、五彩衣服，以纸糊架子盘游出卖③。潘楼并州东西瓦子，亦如七夕。要闹处亦卖果食、种生、花果之类，及印卖《尊胜目连经》。又以竹竿斫成三脚，高三五尺，上织灯窝之状，谓之"盂兰盆"④。挂搭衣服、冥钱在上焚之。构肆乐人⑤，自过七夕，便般《目连救母》杂剧⑥，直至十五日止，观者增倍。中元前一日，即卖练叶⑦，享祀时铺衬桌面。又卖麻谷窠儿，亦是系在桌子脚上，乃告祖先秋成之意。又卖鸡冠花，谓之"洗手花"⑧。十五日供养祖先素食，才明即卖穄米饭⑨，巡门叫卖，亦告成意也。又卖转明菜花、花油饼、馂豏、沙豏之类⑩。城外有新坟者，即往拜扫。禁中亦出车马诣道者院谒坟。本院官给祠部十道⑪，设大会，焚钱山，祭军阵亡殁，设孤魂之道场。

【注释】①中元节：农历七月十五日。道家因相信地官于此日下降，定人间善恶，故道观于此日作斋醮荐福。后演变为民间的祭祖日，家家追荐祖先亡灵，并以丰富的菜肴、放河灯等仪式，普度众家孤魂野鬼。

②冥器：祭鬼神用的纸器。

③盘游：游乐。

④盂兰盆：梵文音译，意思是"救倒悬"。旧传目连从佛言，于农

历七月十五日置百味五果，供养三宝，以解救其亡母于饿鬼道中所受倒悬之苦。南朝梁以降，成为民间超度先人的节日。是日延僧、尼结盂兰盆会，诵经施食。后亦演为仅具祭祀仪式，而不延请僧尼。

⑤构肆：宋、元时代的卖艺场所或剧场，也指妓院。

⑥"目连救母"杂剧：这部杂剧源出佛教故事，最早见于东汉初由印度传入我国的《佛说盂兰盆经》。故事叙述佛陀弟子目连拯救亡母出地狱的事。

⑦练叶：即竹叶。

⑧洗手花：鸡冠花的别名。

⑨穄（jì）米：去壳后的穄子。

⑩馂赚（jùn xiàn）：即馂馅，指一种包馅的面食。

⑪祠部：官名。魏尚书有祠部曹，掌管礼制。东晋设祠部尚书，掌管祭祀。南朝宋祠部尚书主管祠部曹；北齐祠部尚书掌管医药赠礼；北周改为礼部。隋、唐在礼部设祠部曹，掌管祭祀、天文、漏刻、国忌、庙讳、卜祝、医药及僧尼簿籍。明清改为祠祭司，掌管祭祀等事。

【译文】农历七月十五日是中元节。在这天的前几日，街上卖的冥器有靴鞋、幞头、帽子、金犀假带、五彩衣服等，拿纸糊的架子盛放这些冥器到处叫卖。潘楼以及城东城西的店铺里热闹得就像是七夕的夜里那样。热闹的地方也有卖果食、种生、花果等吃食的，还有人刻印《尊胜目连经》拿出来卖。另有人把竹竿的砍成三段，三五尺高，在竹竿的顶上编织成灯碗的形状，被人们称为"盂兰盆"。把衣服、冥钱之类挂搭在竹竿上全部烧掉。勾肆里的乐人们在七夕节过完之后，便开始演出《目连救母》的杂剧，一直演到七月十五那天，看表演的观众加倍增加。中元节的前一日，人们就开始卖竹叶了，祭祀祖先的时候需要在桌上铺衬竹叶。人们还会卖麻谷窠儿，也是为了在祭祀祖先的时候把它绑在桌腿上，是有向先人们报告秋收成果的意思。还有人卖鸡冠花，被人们叫作"洗手花"。在七月十五这一天，给祖先供奉素食。天刚亮，街上就有卖穄米饭的了，他们挨门挨户叫卖。也是有向先人们报告秋收成果的意思。还有人卖转明菜花、花油饼、馂䭔、沙䭕等吃食的。要是城外有新坟的人家，就要在这一天去坟上祭扫了。皇宫里也要在这一天派出车马去道者院向祖先的陵墓祭拜。道者院的官员与祠部各部门，一起举办大会，焚烧钱山，向作战中为国捐躯的士兵们祭吊，为这些孤魂安排道场。

立秋

　　立秋日，满街卖楸叶①，妇女儿童辈，皆剪成花样戴之。是月，瓜果梨枣方盛。京师枣有数品：灵枣、牙枣、青州枣，亳州枣。鸡头上市②，则梁门里李和家最盛③。中贵戚里④，取索供卖。内中泛索⑤，金合络绎⑥。士庶买之，一裹十文，用小新荷叶包，糁以麝香，红小索儿系之。卖者虽多，不及李和一色拣银皮子嫩者货之。

【注释】①楸叶：楸树叶。唐宋习俗用以象征秋意。

②鸡头：芡实的别名。芡的种子，含淀粉，供食用。

③李和：北宋末汴京城里善炒栗子的生意人。

④中贵戚里：天子最亲信的显要内侍以及天子的外戚及其家属。

⑤泛索：古代宫中供帝王所用的点心。非定时所进，故名。

⑥金合：即金盒。

【译文】立秋那一天，街上都是卖楸叶的，妇女和小孩们，都把买回来的楸叶剪成各种各样戴在自己的身上。那个月，正是瓜、果、梨、枣丰盛的时候。京都里卖的枣有以下品种：灵枣、牙枣、青州枣，亳州枣等。鸡头一上市，要属梁门里的李和家卖得最好，连达官显贵和皇亲国戚都来索要。凡是皇宫里管采买的人向李和家的店铺大量地索要，店里就会拿金盒装着陆续往皇宫里送。卖给士人和普通百姓的价格是一包十文，一律装在小片新鲜荷叶里，洒一点麝香并拿红线捆住。京都里卖鸡头的店家虽多，但是比不上李和家都是精挑细选白皮嫩肉的货好。

秋社

八月秋社①，各以社糕、社酒相赍送②。贵戚宫院以猪羊肉、腰子、奶房、肚肺、鸭饼、瓜姜之属，切作棋子片样，滋味调和，铺于饭上，谓之"社饭"。请客供养。人家妇女皆归外家，晚归，即外公、姨、舅，皆以新葫芦儿、枣儿为遗，俗云"宜良外甥"。市学先生预敛诸生钱作社会，以致雇倩、祗应、白席、歌唱之人③。归时各携花篮、果实、食物、社糕而散。春社、重午、重九④，亦是如此。

【注释】①秋社：古代农家于立秋后第五戊日，举行酬祭土神的典礼。

②社糕、社酒：为社日所准备的糕与酒。

③雇倩：出钱雇请。白席：古代北方民间宴席上相礼、供杂役的人。

④重（chóng）午：旧时称端午。也作"重五"。重九：即重阳，阴历九月九日。

【译文】在农历八月秋社到来的时候，各家各户互相赠送社糕和社酒。达官显贵、皇亲国戚以及皇宫内院则是把猪羊肉、腰子、乳房、肚肺、鸭饼、瓜姜等切成棋子大小的片状，加上调料搅拌蒸熟，然后铺在饭上，被人们叫作"社饭"，用来招待客人享用。平民百姓家的妇女们都回了娘家，晚上才回来。外公、姨娘、舅舅们都会拿些新葫芦、新枣送给外甥们，俗话说这叫"宜良外甥"。私塾里的老师预先向学生收钱在秋社之日举办集会，以便可以出钱雇请来私塾帮忙以及演唱的人。散场的时候，学生们手拿花篮、水果、食物和社糕等回家。春社、端午和重阳也都这样过。

中秋

中秋节前，诸店皆卖新酒，重新结络门面彩楼。花头画竿，醉仙锦旆。市人争饮，至午未间。家家无酒，拽下望子①。是时螯蟹新出②，石榴、榅桲、梨、枣、栗、孛萄、弄色枨橘③，皆新上市。中秋夜，贵家结饰台榭，民间争占酒楼玩月。丝篁鼎沸④，近内庭居民，夜深遥闻笙竽之声，宛若云外。闾里儿童，连宵嬉戏，夜市骈阗⑤，至于通晓。

【注释】①望子：某些店铺门前挂的标明经营行业的标志。

②螯蟹：螃蟹。

③榅桲：一种乔木的果实，略似大的黄色苹果，不同的是每一心皮有许多种子，果肉酸，其种子含胶质，可做胶水。苹萄：即葡萄。弄色：显现美色，此处指颜色鲜艳。柑橘：指橙橘类的果品。

④丝篁：弦管乐器。

⑤骈阗：聚集在一起。

【译文】在中秋节的前几天，各店都卖新酿的酒，并重新装饰门面彩楼。在大门前立起有花头的画杆，挂上绣有"醉仙"像的锦旗。京都人争相到店里喝新酿出的酒，直到正午的午未时分。等到各家都卖完了酒，就把自家门前的酒帘子拽下来。这时螃蟹刚刚上市，石榴、榅桲、梨、枣、栗子、葡萄、颜色鲜艳的橙橘等，也都是新上市。在中秋那天的晚上，高门大族之家装饰自家的亭台楼榭，平民百姓争抢着到酒店里占座赏月。演奏各种乐器，家住在皇宫附近的居民直到夜深还能远远听到吹笙吹竽的乐声，似乎是从天上飘下来的。街头巷尾的孩子们整晚都在玩乐嬉戏，夜市聚集在一起，吵吵嚷嚷，直到天亮。

重阳

九月重阳，都下赏菊有数种：其黄白色蕊若莲房曰"万龄菊", 粉红色曰"桃花菊", 白而檀心曰"木香菊"①, 黄色而圆者曰"金铃菊", 纯白而大者曰"喜容菊", 无处无之。酒家皆以菊花缚成洞户。都人多出郊外登高②, 如仓王庙、四里桥、愁台、梁王城、砚台、毛驼冈、独乐冈等处宴聚。前一、二日, 各以粉面蒸糕遗送, 上插剪彩小旗, 掺钉果实, 如石榴子、栗子黄、银杏、松子肉之类。又以粉作狮子、蛮王之状③, 置于糕上, 谓之"狮蛮"。诸禅寺各有斋会, 惟开宝寺、仁王寺有狮子会④。诸僧皆坐狮子上, 作法事讲说, 游人最盛。下旬即卖冥衣、靴鞋、席帽、衣段⑤, 以十月朔日烧献故也。

【注释】①檀心: 浅红色的花心。

②登高: 上到高处。也特指重阳节登山的风俗。

③蛮王: 指南方少数民族的首领。

④狮子会: 宋时重节阳汴京僧人举行的法会。

⑤席帽: 用藤草编织成的帽子。形似毡笠, 四缘垂下, 可蔽日遮颜。唐、宋时, 尚未显贵的读书人都戴这种帽子。

【译文】农历九月重阳节, 京都里可以观赏的菊花有几种: 黄白色的花蕊像莲房一样的叫"万龄菊", 粉红色的叫"桃花菊", 白色的并有浅红色的花心叫"木香菊", 黄色的且形状是圆的叫"金铃菊", 纯白色且花朵很大的叫"喜容菊", 这些品种在京都里到处可见。酒店都用菊花扎成门洞的样子。重阳节那天, 京都人大多是要到城外爬山登高, 如在仓王庙、四里桥、愁台、梁王城、砚台、毛驼冈、独乐冈等地宴饮集会。重阳节的前一两天, 每家每户用粉面做成蒸糕来相互赠送，并在蒸糕上插上裁剪好的小旗，放上一些果仁，如石榴子、栗子黄、银杏、松子肉之类。另外还用粉面做成狮子、蛮王的形状，放在糕上，被人们称作是"狮蛮"。京都里的禅寺都分别举行斋会，只有开宝寺和仁王寺举行狮子会。众僧人一律坐在狮子座上，做法事并听高僧讲经，这两个寺院的游人最多。到了农历九月的下旬，就开始卖冥衣、靴鞋、席帽、衣段等，这是因为要在十月初一向先人祭祀烧纸的缘故。

卷之九

十月一日

十月一日，宰臣已下受衣著锦袄，三日（今五日），士庶皆出城飨坟。禁中车马出道者院及西京朝陵①。宗室车马，亦如寒食节。有司进暖炉炭。民间皆置酒作暖炉会也②。

【注释】①西京：指洛阳。北宋皇陵在洛阳东，今河南巩义附近。

②暖炉会：北宋习俗，十月初一日开始生火取暖，这天要举行一个仪式，称为暖炉会。

【译文】农历十月初一，宰相以及其他文武百官要接受天子赏赐的锦袄。十月初三日（今初五日），士人和普通百姓都要出城用酒食祭扫坟茔。皇宫里也要派出车马到道者院和西京皇陵祭祀祖先。皇家宗室的车马，也同寒食节时的规矩类似。有关部门这时就要把冬季取暖用的炉炭发放下去。民间普通百姓人家都会准备酒水举办暖炉会。

天宁节

初十日，天宁节^①。前一月，教坊集诸妓阅乐。初八日，枢密院率修武郎以上^②；初十日，尚书省宰执率宣教郎以上^③，并诣相国寺罢散祝圣斋筵，次赴尚书省都厅赐宴。

【注释】①天宁节：宋时定徽宗诞辰为天宁节。

②修武郎：宋代阶官名。宋徽宗政和中，定武臣官阶五十三阶，第四十四阶为修武郎，以代旧官内殿崇班。

③宣教郎：宋代官职名，为迪功郎的别称。

【译文】农历十月初十是天宁节，徽宗的生日。前一个月，教坊司就召集所有歌妓进行排演。初八那天，枢密院率领修武郎以上官员；初十那天，尚书省的宰相率领宣教郎以上官员，一起到相国寺，结束为圣上祝寿做斋事时设的筵席，然后赶到尚书省的都厅参加皇帝赐宴。

宰执亲王宗室百官入内上寿

十二日，宰执、亲王、宗室、百官入内上寿大起居^①（擂笋舞蹈）。乐未作，集英殿山楼上教坊乐人，效百禽鸣，内外肃然，止闻半空和鸣，若鸾凤翔集。百官以下谢坐讫，宰执、禁从、亲王、宗室、观察使已上，并大辽、高丽、夏国使副②，坐于殿上。诸卿少百官，诸国中节使人，坐两廊。军校以下，排在山楼之后，皆以红面青墩黑漆矮偏钉，每分列环饼、油饼、枣塔为看盘，次列果子。惟大辽加之猪、羊、鸡、鹅、兔连骨熟肉为看盘，皆以小绳束之。又生葱、韭、蒜、醋各一碟③，三五人共列浆水一桶，立杓数枚。教坊色长二人④，在殿上栏干边，皆诨裹宽紫袍⑤，金带义襕，看盏，斟御酒。看盏者举其袖，唱引曰"绥御酒"⑥，声绝，拂双袖于栏干而止。宰臣酒，则曰"绥酒"，如前。教坊乐部，列于山楼下彩棚中，皆裹长脚幞头，随逐部服紫、绯、绿三色宽衫，黄义襕，镀金凹面腰带，前列拍板，十串一行，次一色画面琵琶五十面，次列箜篌两座，箜篌高三尺许，形如半边木梳，黑漆镂花金装画。下有台座，张二十五弦，一人跪而交手擘之。以次高架大鼓二面，彩画花地金龙，击鼓人背结宽袖，别套黄窄袖，垂结带，金裹鼓棒，两手高举互击，宛若流星。后有羯鼓两座⑦，如寻常番鼓子，置之小桌子上，两手皆执杖击之，杖鼓应焉⑧。次列铁石方响⑨，明金彩画架子，双垂流苏。次列箫、笙、埙、篪、觱篥、龙笛之类⑩。两旁对列杖鼓二百面，皆长脚幞头、紫绣抹额，背系紫宽衫，黄窄袖，结带黄义襕。诸杂剧色皆诨裹，各服本色紫、绯、绿宽衫，义襕镀金带。自殿陛对立，直至乐棚。每遇舞者入场，则排立者叉手，举左右肩，动足应拍，一齐群舞，谓之"㪺曲子"（"㪺"字仍回反）。

【**注释**】①大起居：宋制，文武朝官每五日赴内殿参见皇帝，称为大起居。

②使副：正使与副使。

③堞：通"碟"。

④色长：教坊司管理乐工的属官。教坊通常是隶属于宣徽院，设有使、副使、判官、都色长、色长等官员。

⑤诨裹：头巾一类的东西。大多为教坊、诸杂剧人所戴用。义襕：合乎规范的襕衫。义，通"仪"，合乎规范的。

⑥绥御酒：指在为皇上庆寿的大礼进行完毕之后，开始饮用皇上所赐的御酒。

⑦羯鼓：乐器名。源自西域，状似小鼓，两面蒙皮，均可击打。也称为"两杖鼓"。

⑧杖鼓：古代乐器名。以木为框，细腰，以皮蒙之，用五彩绣带装饰，左击以杖，右拍以手。

⑨方响：古磬类打击乐器。由十六枚大小相同、厚薄不一的长方铁片组成，分两排悬于架上。用小铁槌击奏，声音清浊不等。创始于南朝梁，为隋唐燕乐中常用乐器。

⑩篪（chí）：古代一种用竹管制成像笛子一样的乐器，有八孔。觱篥（bì lì）：乐器名。胡人吹奏的一种木管乐器。以竹为管，以芦为首，全长七寸，状似胡笳而九孔，其声甚悲。笛：一种笛子，又称龙颈笛。

【**译文**】农历十月十二日，宰相、亲王、宗室以及文武百官进宫向天子祝寿（手执笏板，拜舞磕头）。音乐还没有响起，教坊司的乐人在集英殿的山楼上仿效百鸟的叫声，朝堂内外十分严肃，只能听到鸟鸣声从半空中传来，就像是鸾凤在空中聚会一样。百官以下向皇上谢恩坐下之后，宰相、禁从、亲王、宗室、观察使以上官员，以及大辽、高丽、夏国的正、副使臣在大殿上坐下。各部以及各寺、司、来祝寿的外国使臣的随从人员坐在大殿两边的走廊上。禁军军官以下各官在山棚之后排列，都是坐在红布蒙的木墩子上，墩子侧面有大铜钉。面前每一张桌上都摆放着环饼、油饼、枣塔组成的看盘，另外还放着一些水果。只有大辽国的使臣面前放着猪、羊、鸡、鹅、兔连骨熟肉组成的看盘，每一块肉都用小绳子系着。又摆放了生葱、韭、蒜、醋各一碟。每三至五个人共饮一桶浆水，桶内立着几个勺子。有两个教坊司的色长站在大殿上的栏杆旁边，都是头戴诨裹、身穿宽紫袍，腰间系着金带义襕，负责给皇上祝寿进酒、倒御酒。给皇上祝寿进酒，就是举起双袖并高声吟唱道"绥御酒"，吟唱完就立即把双袖拂在栏杆上停下。等到向宰相敬酒，就吟唱"绥酒"，也像前次那样举袖和拂袖。教坊司的乐部在山楼下的彩棚中排列，都头裹长脚幞头，按乐部的不同穿着紫、红、绿色宽衫，腰系黄色义襕，镀金凹面腰带。在面前摆着拍板，十串排成一行。后面一排拿着五十把画面琵琶，之后一排是两台箜篌，箜篌约高三尺，形状就像木梳的一半，黑漆镂花描金彩绘。下面有个台座，每台箜篌二十五根弦，演奏者跪在地上用两手拨弦。再后面一排有两面高架大鼓，鼓身上画着花底金龙。击鼓者把宽大的袖子系在后腰，胳膊上另外套着黄色的窄袖衫，鼓棒上垂着丝穗、包裹金箔，两手高举着交替击鼓，动作就像流星在天空中划过那样迅速。再后面有两座羯鼓，形状就像常见的番鼓子，放在小桌子上，两手各拿一只鼓槌击打鼓面，杖鼓的节奏和它呼应。再后一排排列着用铁石料制成的方响，镶金彩绘架子，两边用流苏装饰。在方响的后面排列着箫、笙、埙、篪、觱篥、龙笛等乐器。两边对称排列着二百面杖鼓，鼓手都是头戴长脚幞头、紫绣抹额，后腰系着紫色宽衫，套着黄色的窄袖衫，腰间系着黄色义襕。表演杂剧的艺人都头戴诨裹，身上分别穿着本角色适合穿的紫、红、绿色宽衫，腰间系义襕，镀金腰带。从大殿外的台阶一直排到乐棚，对立而站。每次有跳舞的人入场，站在那里的杂剧艺人就两手叉腰，竦着左、右肩，两脚跟着节拍，一起舞动起来，这叫"接曲子"（"接"字的读音是"仍"与"回"二字的反切）。

第一盏御酒，歌板色一名①，唱中腔一遍讫②，先笙与箫、笛各一管和，又一遍，众乐齐举，独闻歌者之声。宰臣酒，乐部起倾杯③。百官酒，三台舞旋④，多是雷中庆⑤。其余乐人舞者诨裹宽衫，唯中庆有官，故展裹。舞曲破撷前一遍⑥。舞者入场，至歇拍，续一人入场，对舞数拍。前舞者退，独后舞者终其曲，谓之"舞末"。

【注释】①歌板色：歌手角色名，即是按照板眼的节奏唱歌的角色。

②中腔：中度音高的歌者，相当于当代所说的"男中音"。

③倾杯：即"倾杯乐"，词牌名，又名《倾杯》《古倾杯》。以柳永《倾杯乐·楼锁轻烟》为正体，双调一百四字，前段十句四仄韵，后段十一句五仄韵。另有双调一百四字，前段十句四仄韵，后段十二句六仄韵；双调一百六字，前段十一句六仄韵，后段八句六仄韵等变体。代表作品有柳永《倾杯乐·皓月初圆》等。

④三台舞旋：即按照三台舞曲的旋律起舞。

⑤雷中庆：北宋神宗时著名舞人，舞艺极天下之工。

⑥破攧（diān）："破""攧"与下文的"歇拍"都是古代宫廷大曲的术语，即大曲演奏过程中的各个步骤。

【译文】敬第一轮御酒的时候，有一名歌板色上场，唱完一遍中腔，先用笙、箫和笛各一种为她伴奏，接着她又唱一遍，所有乐器同时演奏，但只能听到演唱歌曲的声音。在给宰相敬酒的时候，乐部齐奏《倾杯乐》。到了向百官敬酒的时候，按照三台舞曲的旋律起舞。跳舞的时候大多是由雷中庆出场表演。其他的舞蹈艺人一律头戴诨裹、身穿宽衫，只有雷中庆一人有官职在身，所以穿着展裹。舞曲演奏到"入破""正攧"之前的"排遍"时，一名舞蹈艺人上场，直到演奏到"歇拍"，又有一名舞蹈艺人上场，对舞几个来回之后，前面的舞蹈艺人退场，唯独留下后面的舞蹈艺人一直跳到曲终，这叫"舞末"。

第二盏御酒，歌板色唱如前。宰臣酒，慢曲子。百官酒，三台舞如前。

【译文】敬第二轮御酒的时候，还是有一名歌板色上场，也是像上轮那样演唱。在向宰相敬酒的时候，唱的是慢曲子。向百官敬酒的时候，也是像上轮那样跳三台舞曲。

第三盏，左、右军百戏入场，一时呈拽。所谓左、右军，乃京师坊市两厢也，非诸军之军。百戏乃上竿、跳索、倒立、折腰、弄碗注、踢瓶、筋斗、擎戴之类，即不用狮豹大旗神鬼也。艺人或男或女，皆红巾彩服。殿前自有石镌柱窠^①，百戏入场，旋立其戏竿。凡御宴至第三盏，方有下酒肉，咸豉、爆肉、双下驼峰角子^②。

【注释】①柱窠：石墩子上凿出的隼眼，以便竖立柱子时把柱子下头嵌在里边，称为柱窠。

②角子：即"饺子"。

【译文】敬第三轮御酒的时候，左、右军百戏表演者上场，立刻安排妥当。这里说的"左、右军"是指京城里大街的两边，而不是指禁军的左、右军。百戏有上竿、跳索、倒立、折腰、弄碗注、踢瓶、筋斗、擎戴等表演，并不用进行狮、豹、大旗、神、鬼等表演。演百戏的艺人不论男女都头戴红巾、身穿彩服。大殿前本来就有现成的石座柱子基孔，所以百戏的表演者一入场就能迅速地把戏竿立起来。但凡是到了敬第三轮御酒的时候，开始给各桌送上下酒肉，有咸豉、爆肉、双下驼峰饺子等。

第四盏，如上仪，舞毕，发谭子^①，参军色执竹竿、拂子，念致语口号，诸杂剧色打和，再作语，勾合大曲舞。下酒檋^②，炙子骨头、索粉、白肉、胡饼^③。

【注释】①发谭子：即"发诨子"，指演出滑稽的戏耍。

②酒檋：古代的贮酒器，可提挈。

③索粉：以绿豆粉或其他豆粉制成的细条状食物。也称粉丝、线

粉。

【译文】敬第四轮御酒的时候，与上轮的仪式相同。跳完舞，演出滑稽的戏耍。参军色拿着竹竿、拂子，朗诵颂辞。杂剧表演者表演技艺，然后再朗诵颂辞，一起表演大曲舞。这时装下酒菜的楪子里有炙子骨头、索粉、白肉、胡饼。

第五盏御酒，独弹琵琶。宰臣酒，独打方响。凡独奏乐，并乐人谢恩讫，上殿奏之。百官酒，乐部起三台舞如前毕。参军色执竹竿子作语，勾小儿队舞①。小儿各选年十二三者二百余人，列四行，每行队头一名，四人簇拥，并小隐士帽，著绯、绿、紫、青生色花衫，上领四契②，义襕束带，各执花枝排定。先有四人裹卷脚幞头紫衫者，擎一彩垫子，内金贴字牌，播鼓而进，谓之"队名牌"。上有一联，谓如"九韶翔彩凤，八佾舞青鸾"之句③。乐部举乐，小儿舞步进前，直叩殿陛。参军色作语问，小儿班首近前进口号，杂剧人皆打和毕，乐作，群舞合唱，且舞且唱，又唱破子毕④，小儿班首入进致语，勾杂剧入场，一场两段。是时教坊杂剧色，鳌膨、刘乔、侯伯朝、孟景初、王颜喜而下，皆使副也。内殿杂戏，为有使人预宴，不敢深作谐谑，惟用群队装其似像，市语谓之"拽串"。杂戏毕，参军色作语，放小儿队。又群舞《应天长》曲子出场。下酒，群仙炙、天花饼、太平毕罗、干饭、缕肉羹、莲花肉饼。驾兴歇座，百官退出殿门幕次。须臾追班⑤，起居再坐。

【注释】①队舞：宋代的宫廷舞，分小儿队和女弟子队两大类。小儿队中包括柘枝、剑器、婆罗门、醉胡腾、诨臣万岁乐、儿童感圣乐、玉兔浑脱、异域朝天、儿童解红、射雕回鹘共十队。

②上领四契：指儿童们穿的演出服装的特征。

③八佾：亦作"八溢""八羽"。周代天子用的舞乐。舞队由纵横各八人，共六十四人组成。

④破子：大曲或联章的尾声。

⑤追班：指百官按位次排列谒见皇帝。

【译文】敬第五轮御酒的时候，上场的是琵琶独奏。在向宰相敬酒的时候，上场的是方响独奏。但凡是独奏乐的，演奏的艺人要先向皇上叩头谢恩，然后再上殿演奏。在向百官敬酒的时候，乐部奏乐并像之前那样表演三台舞。这些表演结束后，参军色拿着竹竿子上场说颂辞，引出小儿队舞。小儿队共选出二百多名年龄在十二三岁的儿童，排成四行，每行有一名领队，由四名队员簇拥着，并且这些人都戴着小隐士帽，穿着红、绿、紫、青四种颜色鲜亮的花布衫，上领四扣，腰间系着义襴束带，各自手里拿着花枝，排成整齐的队形。先有头裹卷脚幞头、身穿紫衫的四个儿童捧着一块彩色垫子，垫上是贴着金字的牌子，随着擂鼓声入场，这叫"队名牌"。牌子上有一副对联，写着"九韶翔彩凤，八佾舞青鸾"一类的句子。乐部开始奏乐，小儿队踏着舞步向前行进，一直走到御殿前的石阶下面。之后参军色说颂辞并询问小儿队，小儿队的队长走到前面并开始朗诵颂诗。杂剧艺人表演完技艺之后，乐队便开始奏乐，所有儿童一起舞蹈并合唱，而且是一边跳舞一边演唱。又唱了一段《破子》，小儿队的队长走到前面并开始朗诵颂诗，引出杂剧艺人入场，一场表演分为两段。这时，教坊司的杂剧演员鳖膨、刘乔、侯伯朝、孟景初、王颜喜等人，都是副使了。在皇上面前进行杂戏表演，因为有一些外国使臣参加宴会，这些杂剧艺人不敢过分地诙谐逗趣，只是整队进行表演，市井俗语称之为"拽串"。杂剧演出结束之后，参军色又上场说颂辞，让小儿队退场。然后是集体表演完《应天长》曲子就退场了。这时的下酒菜有群仙炙、天花饼、太平毕罗、干饭、缕肉羹、莲花肉饼。皇上起身休息，百官们退出殿门，在帐幕外等待。过了一会儿，他们按位次排列谒见皇上，各自坐下。

　　第六盏，御酒，笙起慢曲子。宰臣酒，慢曲子。百官酒，三台舞。左、右军筑球①，殿前旋立球门，约高三丈许，杂彩结络，留门一尺许。左军球头苏述，长脚幞头，红锦袄，余皆卷脚幞头，亦红锦袄，十余人。右军球头孟宣，并十余人，皆青锦衣。乐部哨笛杖鼓断送②。左军先以球团转，众小筑数遭③，有一对次球头小筑数下，待其端正，即供球与球头，打大肷过球门④。右军承得球，复团转，众小筑数遭，次球头亦依前供球与球头，以大肷打过，或有即便复过者胜。胜者赐以银碗锦彩，拜舞谢恩，以赐锦共披而拜也。不胜者球头吃鞭，仍加抹跄⑤。下酒，假鼋鱼、蜜浮酥捺花。

【注释】①筑球：古代以杖击或以足踢球。
　　②断送：古代古语中有"打发""使派"的意思。
　　③小筑：古代球戏的一种击球动作。

④大欺（qiǎn）：筑球场上术语，一种击球的技巧。

⑤抹跄：宋代谓百戏艺人以色粉涂面。

【译文】敬第六轮御酒的时候，笙吹奏慢曲子。向宰相敬酒的时候也吹奏慢曲子。在向百官敬酒的时候，表演三台舞。然后左、右军上场踢球。殿前很快立起球门，球门大约高三丈左右，用各种颜色的彩带交错装饰，留出宽一尺左右的球门。左军球队队长是苏述，头戴长脚幞头，穿着红锦袄，剩下的十几个队员都是头戴卷脚幞头，也穿着红锦袄。右军球队队长是孟宣，和他的十几个队员一律穿青色锦衣。乐部吹起哨笛，杖鼓响起。球赛开始时，左军先在队员之间互相传球，几次小击之后，有两人在队长跟前击了几次球，等到看准了以后，把球传给队长，队长用大欺的击法把球击进球门。右军拿到球后，也相互传球，几次小击之后，在队长的跟前也像刚才那样传球给队长，队长也用大欺的击法把球击进球门。哪个队击球进球门的次数多，哪个队获胜。获胜的一队被赏赐银碗和锦彩，要下跪叩头之后舞蹈谢恩，把赏赐的锦彩披在所有队员的身上向皇上拜谢。输球的一队队长要被鞭打，还要用色粉把他的脸涂花。这时的下酒菜有假鼋鱼和蜜浮酥捺花。

　　第七盏，御酒，慢曲子。宰臣酒，皆慢曲子。百官酒，三台舞讫，参军色作语，勾女童队入场。女童皆选两军妙龄容艳过人者四百余人，或戴花冠，或仙人髻①，鸦霞之服，或卷曲花脚幞头，四契红黄生色销金锦绣之衣，结束不常，莫不一时新妆，曲尽其妙。杖子头四人，皆裹曲脚向后指天幞头，簪花，红黄宽袖衫，义襕，执银裹头杖子，皆都城角者。当时乃陈奴哥、祖姐哥、李伴奴、双奴，余不足数。亦每名四人簇拥，多作仙童丫髻仙裳，执花舞步，进前成列。或舞《采莲》②，则殿前皆列莲花。槛曲亦进队名。参军色作语问队，杖子头者进口号，且舞且唱。乐部断送《采莲》讫，曲终复群舞，唱中腔毕，女童进致语，勾杂戏入场，亦一场两段讫。参军色作语，放女童队。又群唱曲子，舞步出场。比之小儿，节次增多矣。下酒，排炊羊、胡饼，炙金肠。

【注释】①仙人髻：亦称"仙髻"。绾于头顶。相传此髻始于秦始皇宫里，至唐宋犹有为之者。

②《采莲》：即《采莲曲》，乐府清商曲名。

【译文】敬第七轮御酒的时候，吹奏慢曲子。在向宰相敬酒的时候，也是吹奏慢曲子。向百官敬酒的时候仍然表演三台舞。表演结束后，参军色出来说颂辞，并引出女童队入场。这些女童都是从两军中挑选的年轻漂亮的，共四百多人。有的头戴花冠，有的梳成仙人髻，穿着黑红两色相间的衣裳，有的头戴卷曲花脚幞头，穿着鲜亮的红黄相间的四道扣的销金锦绣衣裳。打扮虽然不统一，但无不是当时新颖别致的装扮，曲尽其妙。有四位"杖子头"角色，都是头裹曲脚向后指天幞头，头插簪花，身穿红黄相间的宽袖衫，腰间系着义襕，手里拿着银裹头的杖子。她们都是京都名角，如陈奴哥、俎姐哥、李伴奴、双奴，其他的不值一提。每个领队也是由四名女童簇拥着，大都扮作仙童，头发梳成丫髻，穿着仙裳，手上拿花，踏着舞步向前走排成队列。或者跳《采莲》舞，殿前都排列着莲花，曲折的栏杆上也有"队名牌"。参军色出来说颂辞并向杖子队问话，四位"杖子头"角色走上前朗诵颂诗，一边跳舞一边唱歌。乐部表演完《采莲》之后，一曲终了又跳起群舞，唱了一段女中音，又有一个女童出来说颂辞，并引出杂戏艺人入场，也是一场分成两段表演。杂戏演完之后，参军色又出来说颂辞，让女童队退场。女童队又合唱了一支曲子，踏着舞步退下场。相比小儿队来说，女童队的表演内容增多了。这时的下酒菜有排炊羊、胡饼、炙金肠。

第八盏，御酒，歌板色一名唱踏歌①。宰臣酒，慢曲子。百官酒，三台舞。合曲破舞旋。下酒，假沙鱼、独下馒头、肚羹。

【注释】①踏歌：唱歌时以脚踏地为节奏。原为汉、唐时的风俗性歌舞，参与者连臂以脚踏地而歌。

【译文】敬第八轮御酒的时候，有一名歌板色上场演唱踏歌。向宰相敬酒的时候，演奏慢曲子。向百官敬酒的时候，表演三台舞。跟着"曲破"的节奏跳舞旋。这时的下酒菜有假沙鱼、独下馒头、肚羹。

第九盏，御酒，慢曲子。宰臣酒，慢曲子。百官酒，三台舞。曲如前。左、右军相扑。下酒，水饭、簇饤下饭①。驾兴。

【注释】①簇饤：堆迭在食具中供陈设的食品。

【译文】敬第九轮御酒的时候，演奏慢曲子。向宰相敬酒的时候，仍是演奏慢曲子。在向百官敬酒的时候，表演三台舞。仍是用之前的曲子。接着左、右军表演相扑。这时的下酒菜有水饭、簇饤下饭。然后皇上起驾回宫。

御筵酒盏,皆屈卮如菜碗样^①,而有手把子。殿上纯金,廊下纯银。食器,金银镂漆碗碟也。宴退,臣僚皆簪花归私第,呵引从人皆簪花并破官钱^②。诸女童队出右掖门,少年豪俊争以宝贝供送,饮食酒果迎接,各乘骏骑而归。或花冠,或作男子结束,自御街驰骤,竞逞华丽,观者如堵。省宴亦如此^③。

【注释】①屈卮(zhī):有曲柄的酒杯。

②破官钱:由官库支给赏钱。

③省宴:即朝廷中书省、门下省、内侍省举行的宴会。

【译文】御宴上的酒盏,都是有曲柄的酒杯,像菜碗的形状那样,还有手把子。殿上放的酒盏都是纯金的,廊下放的酒盏都是纯银的。所有吃饭的器具都是金银镂涂漆的碗碟。御宴结束以后,文武百官们都是戴着皇上赏赐的簪花回家,跟班侍候的仆役们也都头戴簪花,拿着从官库领到的赏钱。女童队的队员们出了右掖门,京都里年少的纨绔子弟都争先献上奇玩珍宝,还准备了饮食酒果来迎接女童队。女童们都骑着骏马各自回家,有的人戴着花冠,有的人男装打扮,在御街上驰骋,争相展现她们的美丽,沿路观看的人像一堵墙一样。在朝廷中书省、门下省、内侍省举行的宴会,也如此热闹。

立冬

是月立冬。前五日,西御园进冬菜。京师地寒,冬月无蔬菜，上至宫禁，下及民间，一时收藏，以充一冬食用。于是车载马驮，充塞道路。时物：姜豉、剕子、红丝、末脏、鹅梨、榅桲、蛤蜊、螃蟹①。

【注释】①剕子：薄肉片。

【译文】立冬就在这个月。立冬的前五天，西御园运进冬菜。京都天气寒冷，到了冬季种不了蔬菜，所以上到皇宫，下到普通百姓，都要在此时储存冬菜，以备整个冬天的食用。于是载着冬菜的车以及驮着冬菜的马，挤满了道路。应时的吃食有姜豉、剕子、红丝、末脏、鹅梨、榅桲、蛤蜊、螃蟹等。

卷之十

冬至

十一月冬至①。京师最重此节，虽至贫者，一年之间，积累假借，至此日更易新衣，备办饮食，享祀先祖，官放关扑，庆贺往来，一如年节。

【注释】①冬至：传统节庆之一。在冬至这天，南方的应节食物为汤圆，北方为馄饨。民间并有祭祀祖先、神明的风俗。

【译文】冬至就在农历十一月。京都人对这个节气最为看重，即使是家境非常贫困的人家，一年下来也要尽可能地攒点钱，或者向别人借点钱，到了冬至这一天给家里人换上新衣，准备吃食，祭祀祖先。官府开放关扑赌博，庆贺往来应酬，如同过年一样。

大礼预教车象

遇大礼年^①，预于两月前教车象。自宣德门至南薰门外，往来一遭。车五乘，以代五辂轻重^②。每车上置旗二口，鼓一面，驾以四马。挟车卫士，皆紫衫帽子。车前数人击鞭。象七头。前列朱旗数十面，铜锣鼙鼓十数面。先击锣二下，鼓急应三下。执旗人紫衫帽子。每一象则一人，裹交脚幞头、紫衫，人跨其颈，手执短柄铜镢^③，尖其刃，象有不驯，击之。象至宣德楼前，团转行步数遭成列，使之面北而拜，亦能唱喏^④。诸戚里、宗室、贵族之家，勾呼就私第观看，赠之银彩无虚日。御街游人嬉集，观者如织。卖扑土木粉捏小象儿^⑤，并纸画，看人携归，以为献遗。

【注释】①大礼：庄严隆重的典礼。

②五辂：也叫"五路"，指古代帝王所乘的五种车子，即玉路、金路、象路、革路、木路。

③铜镢（jué）：青铜器。破土起土用的农具。

④唱喏（rě）：一面作揖，一面出声致敬。

⑤卖扑：犹扑卖。宋元时一种赌博形式，多以掷钱为之，视铜钱正反面的多少定输赢。小商贩常以之招徕生意。

【译文】遇到朝廷举行庄严隆重的典礼，提前两个月就准备好车辆和驯象。从宣德门走到南薰门外，来回一趟。共五辆车，以代表天子的五辂。每辆车上都立着两面旗、一面鼓，由四匹马驾车。车上左、右两边各有穿着紫衫、头戴帽子的护卫士兵。车子前方有几个人挥动静鞭。驯象共七头。前方排列着几十面红旗、十几面铜锣和鼙鼓。先是击两下锣，鼙鼓马上回应三下。举旗子的人穿着紫衫、头戴帽子。每一头象的脖子上骑着一位头裹交脚幞头、穿着紫衫的人，他手拿一个短柄的铜镢，刀口磨得很锋利。如果大象不听话，他就用铜镢打它。大象到了宣德楼前，绕着周围转几圈，然后排成行列。驯象的人指挥大象面朝北行拜礼，也能一面作揖，一面出声致敬。皇亲国戚和高门显贵人家还会把大象招呼到他们的府邸去观看，每天都有人给驯象的人赠送银子和财帛等礼品。御街上的游人聚集玩乐，观看的人像编织起来的衣物一样密。那些搞关扑的商贩用木头、泥土或面粉捏成小象儿，还有画在纸上的象，观看的人买了拿回家，当作礼物送人。

车驾宿大庆殿

冬至前三日，驾宿大庆殿。殿庭广阔，可容数万人。尽列法驾仪仗于庭[1]，不能周遍。有两楼对峙，谓之"钟鼓楼"。上有太史局生测验刻漏[2]。每时刻作鸡唱，鸣鼓一下，则一服绿者执牙牌而奏之[3]，每刻曰"某时几棒鼓"[4]，一时则曰"某时正"。宰执百官，皆服法服[5]，其头冠各有品从[6]。宰执、亲王加貂蝉笼巾九梁[7]，从官七梁，余六梁至二梁有差。台谏增獬角也[8]。所谓"梁"者，谓冠前额梁上排金铜叶也。皆绛袍皂缘，方心曲领，中单环珮，云头履鞋。随官品执笏。余执事人，皆介帻绯袍⑨，亦有等差。惟阁门御史台⑩，加方心曲领尔。入殿祗应人给黄方号，余黄长号、绯方长号，各有所至去处。仪仗车辂，谓信幡、龙旗、相风乌、指南车、木辂、象辂、革辂、金辂、玉辂之类⑪。自有《三礼图》可见⑫，更不缕缕。排列殿门内外，及御街远近禁卫，全装铁骑，数万围绕大内。是夜内殿仪卫之外，又有裹锦缘小帽、锦辂缝宽衫兵士，各执银裹头黑漆杖子，谓之"喝探兵士"。十余人作一队，聚首而立，凡数十队。各一名喝曰："是与不是？"众曰："是。"又曰："是甚人？"众曰："殿前都指挥使高俅。"更互喝叫不停，或如鸡叫。又置警场于宣德门外⑬，谓之"武严兵士"。画鼓二百面，角称之。其角皆以彩帛如小旗脚装结其上。兵士皆小帽，黄绣抹额，黄绣宽衫，青窄衬衫。日晡时、三更时⑭，各奏严也。每奏先鸣角，角罢，一军校执一长软藤条，上系朱拂子，擂鼓者观拂子，随其高低，以鼓声应其高下也。

【注释】①法驾：天子车驾的一种。天子的卤簿分大驾、法驾、小驾三种，其仪卫之繁简各有不同。

②太史局：宋初沿唐制，管理天文的机构称"司天台"，太宗端拱元年改名为"司天监"。元丰改制，改称"太史局"。刻漏：古代的计时器。刻为刻度数的漏箭，漏为盛水的铜壶，用铜壶装水，底穿一孔，中置漏箭，壶中水从壶底漏出，逐渐减少，箭上刻度渐次显露，据此测知时刻。

③牙牌：象牙或骨角制的记事签牌。

④刻：古代用漏壶记时，一昼夜共一百刻。今用钟表计时，一刻等于十五分钟。

⑤法服：根据礼法规定的不同等级的服饰。

⑥品从：正从。指古代官吏的正品与从品。常泛指官吏的品级。

⑦貂蝉笼巾：即"貂蝉冠"，以貂尾和附蝉为饰的冠冕。宋时亦称貂蝉笼巾。

⑧廌（zhì）角：即"豸角"，代指豸冠，又称獬豸冠，古代御史等执法官吏戴的帽子，又指御史等执法官吏。

⑨介帻：古代的一种长耳裹发巾。始行于汉、魏，即后来的进贤冠。

⑩閤门：宋代负责官员朝参、宴饮、礼仪等事宜的机关。

⑪信幡：古代题表官号、用为符信的旗帜。相风乌：古代宫廷中皇帝乘坐的一种车，车上装有长竿，竿上有乌鸦形状的风向仪。指南车：古代用来指示方向的车。车上装有一木头人，借由一套齿轮系统转动，使得车无论转向何方，木头人的手永远指着南方。相传为黄帝所作。也称为"司南车"。

⑫《三礼图》：书名，原为东汉郑玄、晋阮谌、唐张镒等人所撰，共六种，都已失传。现存的是宋代著名学者聂崇义参互考订多种《三礼图》而纂辑的，共二十卷。

⑬警场：负责警夜守鼓的卫士。⑭日晡（bū）：指申时，即下午三点至五点。

【译文】冬至的前三天，御驾在大庆殿留宿。大庆殿的厅堂广阔，可以容纳几万人。皇上的车驾、仪仗都可以摆放在厅堂里，这里不再一一提到。大殿外有两座楼相对而建，叫作"钟鼓楼"。楼上有太史局生测验刻漏。每时刻都会像鸡鸣那样敲一下鼓，然后有一个穿着绿衣、手拿牙牌的人高声报告时间，每一刻就会报告"某时几棒鼓"，整时就会报告"某时正"。宰相和百官都会根据礼法规定穿着不同等级的官服，头上戴的冠冕也各有品级。宰相、亲王戴貂蝉冠，冠上有九梁，从官的冠上有七梁，其他官员的冠上从六梁到二梁各不一样。台谏官要戴獬豸冠。所说的"梁"，是指冠前额梁上排列的金铜叶的数量。百官一律穿镶了黑边的红袍，方心曲领，袍内有里衣，腰间戴着佩玉，脚上穿着云头鞋。按照官阶的不同而拿着不同的笏板。其他侍从一律头戴介帻、穿着红袍，也各有差别。只有阁门和御史台，才穿方心曲领的袍子。进入大殿里的仆从拿的是黄色、方形的通行号牌，其余殿外的仆从拿的是黄色、长形的通行号牌，或是红色、长方形的通行号牌，不同号牌能到的地方各不相同。仪仗、车驾有信幡、龙旗、相风乌、指南车、木辂、象辂、革辂、金辂、玉辂等名称，从《三礼图》中可以看到详细说明，我在这里就不逐项记述了。排列殿门内外以及御街远近的禁卫军，全副武装披甲戴盔，几万人围绕着皇宫。当天夜里，除了内殿仪卫以外，还有头戴用锦镶边的小帽、穿着锦辂缝宽衫的兵士，每位手拿银裹头黑漆的棍棒，人们称他们为"喝探兵士"。十几个人组成一队，在一起站着，共有几十个小队。每个小队里有一人高声问："是还是不是？"众人答道："是。"那个人又问："是什么人？"众人答道："殿前都指挥使高俅。"这样不停地交替问答，有的人就好像鸡那样叫。又在宣德门外安排卫士负责警夜守鼓，人们称他们为"武严兵士"。他们带着二百面画鼓，还用号角配合。这些号角都是像小角旗那样把彩帛装饰在上面。这些"武严兵士"一律戴着小帽、黄绣抹额，穿着黄绣宽衫，里面穿的是青色的窄衬衫。到了申时、三更天的时候，这些士兵都要擂鼓戒严。每次擂鼓之前要先吹响号角，号角一吹完，一个军校手拿一根又长又软系着红拂子的藤条。擂鼓的士兵观察红拂子，随着红拂子的起落，用鼓声的高低来呼应。

驾行仪卫

次日五更，摄大宗伯执牌奏中严外办①，铁骑前导番衮，自三更时，相续而行。象七头，各以文锦被其身，金莲花座安其背，金罩笼络其脑，锦衣人跨其颈。次第高旗大扇，画戟长矛②，五色介胄。跨马之士，或小帽锦绣抹额者，或黑漆圆顶幞头者，或以皮如兜鍪者③，或漆皮如戽斗而笼巾者④，或衣红黄罨画锦绣之服者⑤，或衣纯青纯皂以至鞋裤皆青黑者，或裹交脚幞头者，或以锦为绳如蛇而绕系其身者，或数十人唱引持大旗而过者，或执大斧者，胯剑者⑥，执锐牌者，持镫棒者，或持竿上悬豹尾者，或持短杵者。其矛戟皆缀五色结带铜铎，其旗扇皆画以龙、或虎、或云彩、或山河。又有旗高五丈，谓之"次黄龙"。驾诣太庙青城⑦，并先到立斋宫前⑧，又竿舍素旗坐约百余人，或有交脚幞头、胯剑、足靴如四直使者千百数⑨，不可名状。余诸司祗应人，皆锦袄。诸班直、亲从、亲事官，皆帽子、结带、红锦，或红罗上紫团答戏狮子、短后打甲背子，执御从物。御龙直皆真珠结络短顶头巾、紫上杂色小花绣衫、金束带、看带、丝鞋。天武官皆顶朱漆金装笠子、红上团花背子。三衙并带御器械官⑩，皆小帽、背子或紫绣战袍，跨马前导。千乘万骑，出宣德门，由景灵宫太庙。

【注释】①大宗伯：即礼部尚书。中严外办：皇上离开皇宫外出活动时的一种礼仪规制，北宋时成为朝廷事务中所用的套语。意思是宫中要严加防护，并要随圣驾外出办事。

②画戟：古代兵器名。因有彩饰，故称。旧时常作为仪饰之用。

③兜鍪（móu）：一种古时战士戴的头盔。形如鍪，用以防御兵刃。

④戽（hù）斗：形状似斗，用于汲水灌田的老式农具。

⑤罨（yǎn）画：色彩鲜明的绘画。

⑥胯剑：指将剑悬在胯处。

⑦青城：宋斋宫名。一在南薰门外，为祭天斋宫，谓之南青城；一在封丘门外，为祭地斋宫，谓之北青城。

⑧斋宫：供斋戒用的宫室、屋舍。

⑨四直使者：四直指禁卫军的编制内殿直、散直、御龙左直、御龙右直之类。使者指被派出执行公务的人。

⑩三衙并带御器械官：皇帝的近身侍卫和三衙的护卫。三衙，即掌领禁军的殿前司、侍卫亲军马军司、侍卫亲军步军司。带御器械官，宋代武官官名。

【译文】第二天五更天，代理礼部尚书的手持笏牌向皇上进言："宫中要严加防护，并要随圣驾外出办事。"禁军的披甲骑兵部队在前面开道，仪仗排开，从三更天起，依次出发。共有七头大象，每头大象身上披着文采斑斓的织锦，背上安放着金莲花座，头上戴着金色的辔头，身穿华服的人骑在大象的脖子上。大象后面跟着高举的大旗和大扇，以及画戟、长矛等兵器，还有穿着不同颜色披甲戴盔的士兵。骑在马上的士兵，有的头戴小帽、身穿锦衣、裹着抹额，有的头戴黑漆圆顶帽头，有的戴着皮制的头盔，有的戴着漆皮做成的像库斗式的武官帽，有的穿着红黄等杂色彩绘的锦衣，有的穿着全青全黑甚至鞋裤都是青黑色的，有的头裹交脚帽头，有的把锦缎拧成粗绳像蛇那样缠绕在身上，有的几十个人高声唱和挥动着大旗而过，有的手拿大斧，有的腰间佩剑，有的手拿尖牌，有的手握镗棒，有的拿着竿子把豹尾挂在上面，有的手拿短棒。拿着的矛或戟都系着用五颜六色结带串的铜铃铛，扛着的大旗或大扇上面都画着龙、虎或云彩、山河的图样。又有一面高五丈的大旗，人们称它为"次黄龙"。御驾临幸太庙青城，那些禁军甲士先到达排列在斋宫前，大约有一百多人放下所带之物原地坐下休息。此外还有千百人头戴交脚帽头、腰间挎剑、脚上靴子像四直武士，无法用语言来形容。其余各部门祇应人都穿着锦袄。各班直、亲从、亲事官都是帽子、结带、红锦袄装扮，或者在红罗大袍上绣有紫团答戏狮子，或者身穿短后襟的打甲背子，手里拿着皇上的日常用具。御龙直都是头戴珍珠结络短顶头巾、身穿紫底绣着杂色小花的布衫、束着金腰带及看带、脚穿丝布鞋。天武官都是头顶红漆金装笠子、身穿红底绣团花的背子。皇帝的近身侍卫和三衙的护卫一律头戴小帽、身穿背子或紫色绣花战袍，跨着马在前面开道。千乘万骑，出了宣德门，由景灵宫前往太庙。

驾宿太庙奉神主出室

驾乘玉辂①，冠服如图画间星官之服②，头冠皆北珠装结，顶通天冠，又谓之"卷云冠"，服绛袍，执元圭③。其玉辂顶皆缕金大莲叶攒簇，四柱栏槛缕玉盘花龙凤，驾以四马，后出旗。常辂上御座，惟近侍二人，一从官傍立，谓之"执绥"④，以备顾问。挟辂卫士皆裹黑漆团顶无脚幞头，著黄生色宽衫，青窄衬衫，青裤，系以锦绳。辂后四人，擎行马⑤。前有朝服二人，执笏面辂倒行。是夜宿太庙，喝探警严如宿殿仪。至三更，车驾行事。执事皆宗室。宫架乐作，主上在殿上东南隅西面立，有一朱漆金字牌曰"皇帝位"。然后奉神主出室，亦奏中严外办，逐室行礼毕，甲马、仪仗、车辂，番衮出南薰门。

【注释】①玉辂：用珠玉装饰的车子，多指天子所乘的车辇。

②星官：星神。

③元圭：即玄圭。一种黑色的玉器，古代帝王举行典礼的时候所用的一种玉器。

④执绥：持绳索登车，也借指那些陪帝王乘车的侍臣。

⑤行马：拦阻人马通行的木架。一木横中，两木互穿以成四角，施之于官署前，以为路障。俗亦称鹿角，古谓梐枑。

【译文】御驾乘坐玉辂，穿戴的衣帽就像是图画里星神所穿戴的那样，头上戴着的皇冠都镶嵌着北珠，顶上即通天冠，又叫"卷云冠"，穿着赤色龙袍，手拿元圭。乘坐的玉辂顶上都是缕金的聚集在一起的大莲叶，四根柱子和栏杆上刻着玉雕的盘花龙凤。由四匹马驾着玉辂，车后面跟着旗队。一般玉辂上的御座旁只站着两名近侍，其中一位是侍从官站立在旁，叫作"执绥"，以备天子询问。车两边的卫士都头裹黑漆团顶无脚幞头、身穿亮黄色宽衫及青窄衬衫，下身穿着青色裤，锦绳系在腰间。玉辂后面有四个人举着行马。在玉辂的前方，有两个穿着朝服的人，手举笏板面向玉辂倒着行走。皇帝当天晚上就在太庙中过夜，喝探和警严的程序就像御驾宿大庆殿那样。到了三更天，皇上开始祭祀祖先，身边的侍从都是皇族。宫架的乐声奏响，皇上走到正殿的东南角朝西面方向站立，有一个红漆金字的牌位上写着"皇帝位"三个字。然后再恭请祖先的牌位，走出大殿，也有官员进言：宫中要严加防护，并要随圣驾外出办事。皇上依次在祖先牌位前行拜礼之后，披甲战马、仪仗以及车辂等一行人马便出了南薰门。

驾诣青城斋宫

驾御玉辂，诣青城斋宫。所谓"青城"，旧来止以青布幕为之，画砌甃之文，旋结城阙殿宇。宣、政间悉用土木盖造矣。铁骑围斋宫外，诸军有紫巾绯衣素队约千余，罗布郊野。每队军乐一火①。行宫巡检部领甲马，来往巡逻，至夜严警，喝探如前。

【注释】①火：按古代军队的编制，一火为两列，每列为五个人，共十个人。

【译文】皇上乘坐玉辂车，临幸青城斋宫。所说的"青城"，从前只是用青布围起来的帐幕而已，外面画上像砖石等砌垒的条纹，后来搭建起城阙殿宇。到了宣和、政和年间，一律改成用土木建造。除了禁军卫队包围斋宫警戒之外，还有其他军队派出一千多名头裹紫巾、身穿红衣的卫队，分布在郊外。每个分队另带一个由十人组成的军乐队。行宫巡检部率领披甲骑兵，来往巡逻，到了晚上严密警戒，像前面圣驾宿大庆殿和太庙那样呵止并探查盘问。

驾诣郊坛行礼

三更，驾诣郊坛行礼①，有三重壝墙②。驾出青城，南行曲尺西去约一里许，乃坛也。入外壝东门，至第二壝里，面南设一大幕次，谓之"大次"。更换祭服，平天冠二十四旒③，青衮龙服④，中单朱舄⑤，纯玉佩。二中贵扶侍，行至坛前。坛下又有一小幕殿⑥，谓之"小次"，内有御座。坛高三层七十二级。坛面方圆三丈许，有四踏道⑦。正南曰午阶，东曰卯阶，西曰酉阶，北曰子阶。坛上设二黄褥位北面，南曰"昊天上帝"⑧，东南面曰"太祖皇帝"⑨。惟两矮案上设礼料。有登歌道士十余人⑩，列钟磬二架，余歌色及琴瑟之类，三五执事人而已。坛前设宫架乐，前列编钟玉磬。其架有如常乐方响，增其高大。编钟形销扁，上下两层挂之，架两角缀以流苏。玉磬状如曲尺，系其曲尖处，亦架之，上下两层挂之。次列数架大鼓，或三或五，用木穿贯，立于架座上。又有大钟，曰景钟，曰节鼓。有琴而长者，如筝而大者，截竹如箫管，两头存节而横吹者，有土烧成如圆弹而开窍者，如笙而大者，如箫而增其管者。有歌者，其声清亮，非郑、卫之比⑪。宫架前立两竿，乐工皆裹介帻如笼巾，绯宽衫，勒帛。二舞者，顶紫色冠，上有一横板，皂服，朱裙履。乐作，初则文舞⑫，皆手执一紫囊，盛一笛管结带。武舞⑬，一手执短稍⑭，一手执小牌，比文舞加数人，击铜铙响环，又击如铜灶突者⑮。又两人共携一铜甒就地击者。舞者如击刺，如乘云，如分手，皆舞容矣。乐作，先击柷⑯，以木为之，如方壶画山水之状，每奏乐，击之内外共九下，乐止则击敔⑰，如伏虎，脊上如锯齿，一曲终以破竹刮之。礼直官奏请驾登坛⑱，前导官皆躬身侧引至坛止，惟大礼使登之⑲。先正北一位拜跪酒，殿中监东向一拜进爵盏，再拜兴，复诣正东一位。才登坛而宫架声止，则坛上乐作。降坛则宫架乐复作。武舞上，复归"小次"。亚献终献上亦如前仪⑳。当时燕越王为亚终献也㉑。第二次登坛，乐作如初，跪酒毕，中书舍人读册，左右两人举册而跪读。降坛复归"小次"，亚终献如前。再登坛，进玉爵盏，皇帝饮福矣㉒。亚终献毕降坛，驾"小次"前立，则坛上礼料币帛玉册，由西阶而下。南壝门外，去坛百余步，有燎炉高丈许，诸物上台，一人点唱，入炉焚之。坛三层四踏道之间，有十二龛，祭十二宫神㉓。内壝外祭百星。执事与陪祠官皆面北立班。宫架乐罢，鼓吹未作，外内数十万众肃然，惟闻轻风环佩之声。一赞者喝曰："赞一拜！"皆拜，礼毕。

【注释】①郊坛：古代为祭祀所筑的土坛，设在南郊。

②壝墙：坛、埠之外的矮土围墙。

③平天冠：冕的俗称。旒：古代帝王礼帽前后悬垂的玉串。

④衮龙服：亦作"衮龙衣"。帝王的冕服。因绣有龙纹而得名。

⑤中单：亦作"中禅"，古时朝服、祭服的里衣。泛指汗衫。

⑥幕殿：帝王举行郊祀时架设起的房屋，上下四周围以帷幕，外形像个宫室，故称。

⑦踏道：指台阶。

⑧昊天上帝：又称皇天上帝、上帝、天帝、老天爷、昊神，是中国神话传说中的"众神之主，天"的尊号最早出现在商朝，周朝时期正式出现对帝的尊称。主宰宇宙万物的神，儒教最高神，代表天或者等同于天。

⑨太祖皇帝：太祖作为帝王庙号使用时多指皇朝的创基立业者，常见于开国皇帝，也有为其先人追授者。此处指的是赵匡胤。

⑩登歌：升堂奏歌。古代举行祭典、大朝会时，乐师登堂而歌。

⑪郑、卫：春秋战国时，郑、卫两国的民间音乐。因不同于雅乐，曾被儒家斥为"乱世之音"。

⑫文舞：古代宫廷雅乐舞蹈之一，用于郊庙祭祀。

⑬武舞：雅舞的一种，与"文舞"相对。始于周代。舞时手执斧、盾。内容为歌颂统治者武功。用于郊庙祭祀及朝贺、宴享等大典。

⑭稍（shuò）：古兵器名，即长矛。也作"槊"。

⑮灶突：灶上的烟囱。

⑯柷（zhù）：乐器名。一种木制的打击乐器，上宽下窄。演奏时，

以椎敲击内壁，表示音乐开始。

⑰敔(yǔ)：古代打击乐器，奏乐将终时，击之使演奏停止。

⑱礼直官：吏名。宋神宗元丰改制，太常寺置，其下又设副礼直官，掌有关细务。

⑲大礼使：官名。宋朝置，为大礼五使之一，以宰相或亲王充任，天子祭祀时主持礼仪。

⑳亚献、终献：古代举行祀典时，有三献之礼，第二次献爵称"亚献"，第三次献爵称"终献"。

㉑燕越王：指宋神宗第十二子燕王赵俣和十四子赵偲。此二人都随徽宗北去。

㉒饮福：古礼。祭祀完毕，饮食供神的酒肉，以求神赐福。

㉓十二宫神：古代音律有十二宫调，分别对应于一年中的十二个月，其主管之神即十二宫神。

【译文】在三更的时候，圣驾前往郊坛祭祀礼拜，郊坛的外围有三道矮土围墙。圣驾出了青城，往南走经过一个直角弯，然后往西走大约一里多路就到了郊坛。进入外土墙的东门，到了第二道土墙，有一大幕帐面向南边，被人们叫作"大次"。进入"大次"后，皇上换上祭服，戴上有二十四疏的平天冠，身穿青色衮龙服，外罩中衣，脚上穿上红鞋，戴上纯玉佩。由两名近侍服侍一直走到祭坛前。祭坛下又有一个小的幕殿，被人们叫作"小次"，殿中设有御座。祭坛高三层，有七十二级台阶。祭坛大约方圆三丈，共有四道台阶。正南的台阶叫"午阶"，东面的台阶叫"卯阶"，西面的台阶叫"酉阶"，北面的台阶叫"子阶"。祭坛的北面有两个黄褥垫，南面摆放"昊天上帝"的灵位，东南面摆放"太祖皇帝"的灵位。坛上只摆放两张矮桌案，上面堆着各种祭品。还有十几个唱登歌的道士，摆放两架钟磬，另外还有唱歌的角色以及琴、瑟等乐器，三五个侍卫而已。坛前排列着宫廷架乐，前面摆放编钟、玉磬。木架与通常乐队的乐架差不了多少，只不过比方响的架子略高大些。编钟的形状稍扁一些，分为两层挂在架上，在架子的两个角上缀着流苏。玉磬就像曲尺那样的形状，用绳子系在曲尖上，也分成两层挂在架子上。后面排列着数架大鼓，有的三面有的五面组成一组，并用木棍连接，立在架座上。另外有大钟，叫"景钟"，也叫"节鼓"。还有一些乐器，比琴还长的，比筝还大的，截断的竹管像箫管那样两头保存竹节且要横吹的，还有用土烧制成像圆蛋一样并开孔的，还有比笙还大的，像箫但管子却比箫多的。有歌手正在演唱，歌声清脆响亮，不是郑、卫那样的靡靡之音能比的。宫架前立着两根竿子，乐工一律裹着类似笼巾的介帻，身穿红宽衫，腰间束着丝织腰带。有两个跳舞的人头戴紫色冠，冠上有一条横板，身穿黑衣皂服，红色的裙子和鞋。乐声响起，先是跳文舞，两人各拿一紫囊，袋中装着绑着结带的笛管。然后改跳武舞，二人一手拿短矟，一手拿小盾牌，比跳文舞的时候加了几个人。舞者击打铜铙和响环，又击打像铜烟囱形状的乐器。还有两个人一起提着一个铜瓮形状的乐器就地敲打。跳舞的人做出击刺的动作，像驾云，也像分手，都是舞蹈动作。乐声响起，首先击柷，柷是木头做的，像表面上画了山水图案的方壶。每次奏乐，击柷内外共敲击九下。乐声停止就击敔，敔的样子像一只蹲伏着的老虎，脊背像是一条锯齿，一支曲子演奏完毕，乐工就用破竹片刮脊背。礼直官奏请皇上登上祭坛，前导官都弯下身子侧身引导皇上到坛前为止，只有大礼使可以陪同皇上登上祭坛。皇上先面向正北方下拜献酒，殿中监则面向东方下拜，然后献上酒杯，皇上再拜，起立，然后面向正东下拜献酒。当皇上登上祭坛时，宫架的乐声停止，而祭坛上的乐声响起。当皇上下了祭坛的时候，宫架的乐声又开始响起来。这时武舞的表演开始了，皇上又回到"小次"。之后亚献、终献的祭拜礼仪也与初献的祭拜礼仪完全相同。当时是由燕王俣和越王偲来完成亚献、终献的祭拜礼仪。第二次登上祭坛时，也像初献时那样奏乐。跪下献酒之后，由中书舍人宣读祭天、地、神祇的文书，左右二人举着文书而由中书舍人跪地宣读。下了祭坛又回到"小次"，亚献和终献的祭祀礼仪和之前的完全相同。再次登上祭坛，送上用玉爵盏装的酒，皇上饮下这杯福酒。亚献、终献的礼仪结束之后，燕、越王走下祭坛，皇上立在小次门前，当时祭坛上的祭品、币帛和玉册，依次通过酉阶送下。在南矮墙门外，离祭坛一百多步远，有一座高约一丈的燎炉，把所有祭品送上高台后，由一人出来高声叫唱，依次把祭品送入燎炉里焚烧。在祭坛的三层四踏道之间，共有十二座神龛，祭祀十二宫神。在内矮墙的外面祭祀众星神。在祭坛里有差事的人以及陪同祭祠的官员都是面向北依品秩站立。宫架的乐声停止，仪仗乐队还没有奏乐的时候，祭坛内外几十万人恭敬地站在那里，除了柔风吹动环佩的声音之外，其他的什么也听不到。一位赞礼官高声喊道："赞一拜！"众人都躬身下拜。祭祀大典就这样结束了。

郊毕驾回

驾自"小次"，祭服还"大次"。惟近侍橡烛二百余条[①]，列成围子，至"大次"更服衮冕，登大安辇，辇如玉辂而大，无轮，四垂大带。辇官服色，亦如挟路者。才升辇，教坊在外壝东面排列②，钧容直先奏乐，一甲士舞一曲破讫③，教坊进口号，乐作，诸军队伍鼓吹皆动，声震天地。回青城，天色未晓。百官常服入贺。赐茶酒毕，而法驾仪仗、铁骑、鼓吹入南薰门。御路数十里之间，起居幕次，贵家看棚，华彩鳞砌④，略无空闲去处。

【注释】①橡烛：如橡之烛。指大烛。

②外壝（wéi）：围绕祭坛的矮土墙。

③曲破：唐宋时的乐舞曲名词。大曲的第三段称为"破"，单独演奏这一段称为"曲破"。

④鳞砌：依次序建造，排列如鱼鳞。

【译文】御驾从"小次"穿着祭服回到"大次"，身边只有侍从拿着二百多根如橡的大烛，排列成围子，到了"大次"后，皇上脱掉祭服，换上皇袍皇冠，坐上大安辇。这个大安辇像玉辂那样但更大些，没有轮子，四面垂着大带。抬辇官所穿衣服的样式色泽，也和夹道的内侍所穿一样。皇上刚刚升辇，教坊乐队排列等待在外土墙的东西侧，军乐队先奏起乐。一名披甲戴盔的士兵先跳了一段"曲破"，跳完之后，教坊司出来一人说颂辞，音乐响起，各军乐队的仪仗乐队都开始演奏起来，乐声震天动地。御驾返回青城的时候，天都没亮。百官穿常服来向皇上道贺，皇上赐茶赐酒之后，皇上的法驾、仪仗以及随护的铁骑、仪仗乐队进入南薰门。御驾经过的几十里路中，排列着迎接皇上的帐幕，以及达官显贵人家搭建的看棚，华美亮丽，依次序建造，排列如鱼鳞，几乎没有空闲的地方。

下赦

车驾登宣德楼，楼前立大旗数口，内一口大者，与宣德楼齐，谓之"盖天旗"。旗立御路中心不动。次一口稍小，随驾立，谓之"次黄龙"。青城、太庙，随逐立之，俗亦呼为"盖天旗"。亦设宫架，乐作，须臾击柝之声，旋立鸡竿，约高十数丈，竿尖有一大木盘，上有金鸡①，口衔红幡子，书"皇帝万岁"字。盘底有彩索四条垂下，有四红巾者争先缘索而上，捷得金鸡红幡，则山呼谢恩讫。楼上以红绵索通门下一彩楼，上有金凤衔赦而下，至彩楼上，而通事舍人得赦宣读②。开封府、大理寺排列罪人在楼前，罪人皆绯缝黄布衫，狱吏皆簪花鲜洁，闻鼓声，疏枷放去，各山呼谢恩讫，楼下钧容直乐作，杂剧舞旋，御龙直装神鬼，斫真刀倬刀。楼上百官赐茶酒，诸班直呈拽马队，六军归营。至日晡时③，礼毕。

【注释】①金鸡：古代举行颁诏宣赦仪式，设置金鸡于竿头，以示吉辰。鸡用黄金饰首，故称金鸡。这种仪式或认为始于北魏时。

②通事舍人：官名。该名始于东晋，主要掌诏命及呈奏案章等事。

③晡时：十二时之一，即申时，又名日铺、夕食等（即下午3时正至下午5时正）。

【译文】御驾临幸宣德楼，楼前竖起几面大旗，其中最大的一面和宣德楼一样高，叫作"盖天旗"。这面旗竖立在御路中心，并不会变动位置。第二大的一面旗略小一些，跟随御驾而立，叫作"次黄龙"。青城、太庙的大旗，也随御驾的位置而立，通常叫它们为"盖天旗"。同时摆放宫廷乐架，开始演奏乐曲，过了一会儿，又传来敲梆子的声音，马上立起鸡竿，竿子约高十几丈，竿顶有一个大木盘，盘上有一个金鸡，金鸡嘴里叼着一条红幡子，上面写有"皇帝万岁"四个字。木盘的底部垂下四条彩带，有四个戴着红头巾的人争相抓着彩带向上爬，谁先得到金鸡和红幡子谁就获胜，获胜者要向宣德楼高呼万岁，叩头谢恩。完了之后，宣德楼上用红绵索可以通往楼门下的一个彩楼上，楼上有一只金凤嘴里叼着皇上的赦令诏书下来，到了彩楼上，由通事舍人取下赦令诏书并当众宣读。开封府和大理寺事先在宣德楼前排列好待赦的犯人们，这些犯人都穿的是有红色条缝的黄布衫，狱吏们都头上插着簪花，并穿着整洁，听到鼓声一响，就卸下犯人们身上的木枷。获赦的犯人们都高呼万岁、叩头谢恩。完了之后，宣德楼下的军乐队奏乐，杂剧表演开始，御龙直装扮成神鬼，挥舞真刀对打。在宣德楼上皇上赏赐给百官茶酒，各禁卫军安排马队，率领六军回营。到了下午申时，大赦的仪式就结束了。

驾还择日诣诸宫行谢

驾还内，择日诣景灵东、西宫①，行恭谢之礼三日②。第三日毕，即游幸别宫观或大臣私第。是月，卖糍糕、鹑兔方盛③。

【注释】①景灵宫：位于山东省曲阜市城东四公里。宋真宗皇帝"推本世系，遂祖轩辕"，以轩辕黄帝为赵姓始祖，并兴建景灵宫奉祀黄帝。

②恭谢：指皇帝举行的郊祭等大典。

③鹑兔：鹌鹑和兔子，泛指各种野味。

【译文】皇帝的车驾返回宫中，另选吉日到景灵东、西宫，举行三天恭谢之礼。等到第三日结束之后，圣驾就到其他道观或是大臣的府邸中游乐。当月，要属糍糕、鹑兔卖得最好。

十二月

十二月，街市尽卖撒佛花、韭黄、生菜、兰芽、勃荷、胡桃、泽州饧①。初八日，街巷中有僧尼三五人作队念佛，以银、铜沙罗或好盆器②，坐一金、铜或木佛像，浸以香水，杨枝洒浴，排门教化。诸大寺作浴佛会，并送七宝五味粥与门徒，谓之"腊八粥"。都人是日各家，亦以果子杂料煮粥而食也。腊日③，寺院送面油与门徒，却入疏教化上元灯油钱，闾巷家家互相遗送。是月，景龙门预赏元夕于宝箓宫④，一方灯火繁盛。二十四日交年⑤，都人至夜请僧道看经，备酒果送神，烧合家替代钱纸，贴灶马于灶上⑥。以酒糟涂抹灶门，谓之"醉司命"。夜于床底点灯，谓之"照虚耗"。此月虽无节序，而豪贵之家，遇雪即开筵，塑雪狮，装雪灯，雪口以会亲旧。近岁节，市井皆印卖门神、钟馗、桃板、桃符^⑦，及财门钝驴、回头鹿马、天行帖子^⑧。卖干茄瓠、马牙菜、胶牙饧之类^⑨，以备除夜之用。自入此月，即有贫者三数人为一火，装妇人、神鬼，敲锣击鼓，巡门乞钱，俗呼为"打夜胡"，亦驱祟之道也。

【注释】①勃荷：即薄荷。

②沙罗：也叫"沙锣"，一种打击乐器，行军时又作为盥洗用具。

③腊日：古时腊祭之日，农历十二月初八，也泛指农历十二月的任何时候。

④预赏：提前放灯供人观赏。

⑤交年：指"交年节"。宋代以农历十二月二十四日为交年节，意思是新年与旧年交替。后来又称此日为小年。民间皆焚纸钱，诵道佛经咒，以送故迎新。

⑥灶马：绘印的灶神像。平时贴于灶上，至过年前，与祭品一同焚化。

⑦桃板、桃符：古代挂在大门上的两块画着神荼、郁垒二神的桃木板或纸，以为能压邪。后来桃符逐渐演变为春联。

⑧财门钝驴：旧时一种剪刻而成的印刷品。新年贴于门上，用以招财。

⑨胶牙饧：用麦芽制成的糖，食之黏齿，故名。旧俗常用作送灶时的供品。

【译文】到了农历十二月，大街小巷到处在卖撒佛花、韭黄、生菜、兰芽、薄荷、胡桃、泽州饧等吃食。初八那天，街头巷尾有三五个和尚或尼姑，组队念经，并拿着银或铜做的沙罗或是其他好质量的盆器,里面放着一尊金、铜或木制的佛像,泡在香水中,并用杨柳枝蘸上香水洒在佛像上,挨家挨户地念经化缘。京都里各个大佛寺都在这一日举行浴佛会,并且把煮好的七宝五味粥送给信徒,这种粥叫"腊八粥"。在这一天,京都里家家户户也用干果等配料来熬粥喝。初八那天,寺院会给信徒送上面粉和香油,还写成文告向民众讲经并求取元宵节的灯油钱。街巷中的每家每户也相互赠送吃食。当月,在景龙门外的宝箓宫提前观赏正月十五才应该展出的元宵花灯,景龙门这一带灯火通明。腊月二十四日是交年节,京都人在这天夜里要请道士或和尚到家里念经,准备好酒果欢送灶神,烧一次合家替代纸钱,并在灶台上张贴灶王爷的画像。还要把酒糟涂抹在灶门上,人们称之为"醉司命"。晚上,人们要在床底下点亮一盏灯,这叫"照虚耗"。腊月里虽然没有什么节日,但是豪门显贵人家,每到下雪天就举办酒宴,塑雪狮子,装上雪灯,以此邀请老友来相聚。新年快要临近的时候,街头巷尾到处在卖印好的门神、钟馗、桃板、桃符,以及财门钝驴、回头鹿马、天行帖子等。街上还有卖干茄瓠、马牙菜、胶牙饧等吃食的,以备除夕夜里用。自打进了腊月,城里的穷人三几人结成一伙,装扮成妇人、神鬼,敲锣打鼓,挨家挨户讨要些小钱,通常人们称之为"打夜胡",也是一种驱逐鬼祟的方法。

除夕

至除日,禁中呈大傩仪①,并用皇城亲事官、诸班直戴假面②,绣画色衣,执金枪龙旗。教坊使孟景初身品魁伟,贯全副金镀铜甲,装将军。用镇殿将军二人,亦介胄,装门神。教坊南河炭丑恶魁肥,装判官,又装钟馗小妹、土地、灶神之类,共千余人,自禁中"驱祟",出南薰门外转龙弯,谓之"埋祟"而罢。是夜,禁中爆竹山呼,声闻于外。士庶之家,围炉团坐,达旦不寐,谓之"守岁"。

凡大礼与禁中节次,但尝见习按,又不知果为如何,不无脱略。或改而正之,则幸甚。

【注释】①大傩(nuó):腊月禳祭,期以驱除瘟疫、消灾避祸。

②亲事官:宋朝皇城司军卒名。分隶诸指挥使、都头、十将,掌郊祀大礼警戒、把守宫门,稽察人物,遇贡举则守贡院之门,兼刺探臣民之情。

【译文】到了除夕那一天,皇宫中举行驱除瘟疫、消灾避祸的仪式,并让皇城亲事官、皇上近卫班直都戴上假面具,穿上绣花彩衣,手拿金枪龙旗。教坊使孟景初身体高大壮实,身穿一整副镀金铜盔甲,打扮成"将军"的模样。除了他之外,又有两名镇殿将军,也是披甲戴盔,打扮成"门神"的样子。教坊司的南河炭,样貌丑陋,高大肥壮,装扮成"判官"的样子。此外还有人装扮成钟馗小妹、土地爷、灶王爷等,总共有一千多人,从皇宫里开始驱逐鬼祟,出了南薰门外,一直驱赶到转龙弯,被人们叫作"埋祟",到此才算结束。当天夜里,皇宫里的爆竹声和高呼万岁声,声音大的连宫外老远都能听到。不管是士人还是普通百姓人家,都是围着火炉坐在一起,一整晚都不去睡,这叫"守岁"。

各种大型典礼以及皇宫内过节举办的活动,只是我曾见到过,而不知道为什么这样做。我的记载难免有遗漏，如果有人能够指出加以改正，那就真的是十分庆幸的事了。

谦德国学文库丛书

（已出书目）

颜氏家训	资治通鉴
列子	智囊全集
心经·金刚经	酉阳杂俎
六祖坛经	商君书
茶经·续茶经	读书录
唐诗三百首	战国策
宋词三百首	吕氏春秋
元曲三百首	淮南子
小窗幽记	营造法式
菜根谭	韩诗外传
围炉夜话	长短经
呻吟语	虞初新志
人间词话	迪吉录
古文观止	浮生六记
黄帝内经	文心雕龙
五种遗规	幽梦影
一梦漫言	东京梦华录
楚辞	阅微草堂笔记
说文解字	